民族文字出版专项资金资助项目
མི་རིགས་སྐད་ཡིག་དཔེ་སྐྲུན་གྱི་ཆེད་དོན་མ་དངུལ་རོགས་སྐྱོར་རྣམ་གྲངས།

青少年核心素养丛书
གཞོན་ནུ་ལོ་ཆུང་གི་བྱང་ཚད་གསོ་སྐྱོང་ལྟེ་བར་འཛིན་པའི་དཔེ་ཚོགས།

新时代青少年爱国主义教育手册

དུས་རབས་གསར་པའི་གཞོན་ནུ་ལོ་ཆུང་གི་རྒྱལ་གཅེས་རིང་ལུགས་ཀྱི་སློབ་གསོའི་ལག་དེབ།

张丽◎主编
ཀྲང་ལི་ཡིས་བསྒྲིགས།

赤列云旦◎译
འཕྲིན་ལས་ཡོན་ཏན་གྱིས་བསྒྱུར།

བོད་ལྗོངས་བོད་ཡིག་དཔེ་རྙིང་དཔེ་སྐྲུན་ཁང་།
西藏藏文古籍出版社

图书在版编目（CIP）数据

新时代青少年爱国主义教育手册 ： 汉文、藏文 / 张丽主编 ； 赤列云旦译 . -- 拉萨 ： 西藏藏文古籍出版社，2022.5

ISBN 978-7-5700-0710-3

Ⅰ . ①新… Ⅱ . ①张… ②赤… Ⅲ . ①爱国主义教育－中国－青少年读物－汉、藏 Ⅳ . ① D647-49

中国版本图书馆 CIP 数据核字（2022）第 066540 号

新时代青少年爱国主义教育手册

主　　编　张丽
责任编辑　次巴　赵保利
译　　者　赤列云旦
装帧设计　拉姆
出　　版　西藏藏文古籍出版社　邮政编码：850000
　　　　　　打击盗版：0891-6930339
印　　刷　三河市腾飞印务有限公司
经　　销　全国新华书店
开　　本　16 开（710mm×1 000mm）
印　　张　7.25
印　　数　01—3,000
字　　数　69.6 千
版　　次　2022 年 11 月第 1 版
印　　次　2022 年 11 月第 1 次印刷
标准书号　ISBN 978-7-5700-0710-3
定　　价　29.00 元

前　言

爱国主义是人们对国家的山川河流、悠久历史和传统文化的眷恋和自豪，也是对国家和民族的高度认同感和责任感。习近平总书记指出："爱国主义是中华民族精神的核心。爱国主义精神深深植根于中华民族心中，是中华民族的精神基因，维系着华夏大地上各个民族的团结统一，激励着一代又一代中华儿女为祖国发展繁荣而不懈奋斗。"自古以来，爱国主义都是连接全国各族人民团结奋斗的纽带，是激励人民奋发向上的旗帜，是推进社会进步的巨大力量。

爱国主义思想是马克思主义的重要组成部分。改革开放以来，邓小平同志反复告诫我们："必须发扬爱国主义精神，国家的主权和安全任何时候都要放在第一位，必须提高民族的自信心和自尊心。"他还反复强调，国家的独立是建设社会主义的基础，只有建成社会主义社会，才不会被资本主义势力所吞并。

爱国主义与社会主义的统一是历史的必然趋势。从 1840 年西方帝国主义入侵我国开始，尤其是甲午战争失败以后，"救亡图存"就成为我国近代以来爱国主义的首要任务。虽然中国人民进行了很多探索，但是历史证明，只有在中国共产党的领导下，中华民族才能完成民族救亡的任务，才使中华民族屹立在世界民族之林。事实证明，只有将爱国主义提升到社会主义的高度，才能更好地建设具有中国特色的社会主义。

2019 年 11 月，中共中央、国务院印发的《新时代爱国主义教育实施纲要》

中也明确指出："当前，中国特色社会主义进入新时代，中华民族伟大复兴正处于关键时期。新时代加强爱国主义教育，对于振奋民族精神、凝聚全民族力量，决胜全面建成小康社会，夺取新时代中国特色社会主义伟大胜利，实现中华民族伟大复兴的中国梦，具有重大而深远的意义。"

因此，只有坚持爱国主义教育、培养爱国主义精神，才能使国家和民族拥有强大的精神支柱。进行爱国主义教育能够振奋民族精神、凝聚人民力量，帮助中小学生树立正确的人生观、价值观、世界观，这对一个人的道德素养有着关键作用。

通过学习新时代《青少年爱国主义教育知识手册》，能使学生更加全面地了解中国共产党一路走来的艰辛，更加明白现在的和平生活来之不易，更加激发学生的爱国热情。中华民族的伟大复兴正处在关键时期，作为学生，应该铭记历史，勿忘国耻，努力学习，以振兴中华为己任，激发爱国主义情怀，增强爱国主义意识，弘扬爱国主义精神，为实现中华民族伟大复兴的中国梦而奋斗。

2020 年 4 月

སྔོན་འགྲོའི་གཏམ།

རྒྱལ་གཅེས་རིང་ལུགས་ནི་མི་རྣམས་ཀྱིས་རྒྱལ་ཁབ་ཀྱི་རི་ཀླུང་དང་། ལོ་རྒྱུས། སྲོལ་རྒྱུན་རིག་གནས་བཅས་ལ་བཅངས་པའི་བརྩེ་སེམས་དང་སྤྱོབས་པ་དེ་ཡིན་ལ། རྒྱལ་ཁབ་དང་མི་རིགས་ལ་བཅངས་པའི་ཚད་མཐོའི་མོས་སེམས་དང་འགན་འཁྲིའི་བསམ་པ་དེ་ཡང་ཡིན། སྤྱི་ཁྱབ་རྟའུ་ཅི་ཞི་ཅིན་ཕིང་གིས"རྒྱལ་གཅེས་རིང་ལུགས་ནི་ཀྲུང་ཧྭ་མི་རིགས་ཀྱི་སྙིང་སྟོབས་ཀྱི་སྲོག་ཤིང་ཡིན"ཞེས་གསལ་སྟོན་གནང་ཡོད། རྒྱལ་གཅེས་རིང་ལུགས་ཀྱི་སྙིང་སྟོབས་དེ་ཀྲུང་ཧྭ་མི་རིགས་ཀྱི་སེམས་དབུས་སུ་གཏིང་ཟབ་ཟུག་པ་ནི་ཀྲུང་ཧྭ་མི་རིགས་ཀྱི་བསམ་པའི་གཞི་རྒྱུ་ཡིན་པས་ཀྲུང་གོའི་ས་གཞི་ཆེན་པོའི་ཐོག་གི་མི་རིགས་ཁག་མཐུན་སྒྲིལ་གཅིག་གྱུར་ཡོང་བ་དང་མི་རབས་ནས་མི་རབས་བར་གྱི་ཀྲུང་ཧྭའི་བུ་ཕྲུག་གིས་མེས་རྒྱལ་དར་རྒྱས་གོང་འཕེལ་ཡོང་ཆེད་འབད་འཐབ་སྙིང་མེད་བྱ་རྒྱུར་སྐུལ་ལྕག་བྱེད་ཀྱི་ཡོད། གནའ་ནས་བཟུང་རྒྱལ་གཅེས་རིང་ལུགས་ནི་རྒྱལ་ཡོངས་མི་རིགས་ཁག་གི་མི་དམངས་རྣམས་མཐུན་སྒྲིལ་འབད་འཐབ་བྱེད་པའི་སྒྲོག་ཐག་ལྟ་བུ་དང་། མི་དམངས་ལ་སྙིང་སྟོབས་ཆེར་བསྐྱེད་བྱ་རྒྱུར་སྐུལ་མ་གཏོང་བའི་དར་ཆ། སྤྱི་ཚོགས་ཡར་ཐོན་ལ་སྐུལ་འདེད་གཏོང་བའི་སྟོབས་ཤུགས་ཆེན་པོ་བཅས་རེད།

རྒྱལ་གཅེས་རིང་ལུགས་ཀྱི་བསམ་བློ་ནི་མར་ཁེ་སིའི་རིང་ལུགས་ཀྱི་གྲུབ་ཆ་གལ་ཆེན་ཞིག་ཡིན། བསྒྱུར་བཅོས་སྒོ་དབྱེ་བྱས་ཚུན་བློ་མཐུན་ཏེང་ཞའོ་ཕིང་གིས་ངེས་པར་དུ་རྒྱལ་གཅེས་རིང་ལུགས་ཀྱི་སྙིང་སྟོབས་དར་སྤེལ་བཏང་སྟེ་རྒྱལ་ཁབ་ཀྱི་བདག་དབང་དང་བདེ་འཇགས་དུས་ནམ་ཡང་ཨང་དང་པོར་འཛིན་དགོས་པ་དང་། ངེས་པར་དུ་མི་རིགས་ཀྱི་བསམ་པའི་གདེང་སྤྲོད་དང་རང་བཀུར་གྱི་བསམ་པ་ཆེ་རུ་གཏོང་དགོས་ཞེས་ང་ཚོར་བསླབ་བྱ་ཡང་ཡང་གནང་ཡོད། ཁོང་གིས་ད་དུང་། རྒྱལ་ཁབ་ཀྱི་རང་བཙན་ནི་སྤྱི་ཚོགས་རིང་ལུགས་འཛུགས་སྐྲུན་བྱེད་པའི་རྨང་

གཞི་ཡིན་ཞིང་། ཕྱི་ཚོགས་རིང་ལུགས་ཀྱི་ཕྱི་ཚོགས་འཛུགས་སྐྲུན་བྱེད་ཐུབ་ན། གཞི་ནས་མ་རྩ་རིང་ལུགས་ཀྱི་སྟོབས་ཤུགས་ཀྱིས་ཁྱུར་མིད་གཏོང་མི་སྲིད་ཅེས་ནན་བཤད་ཡང་ཡང་གནང་ཡོད།

རྒྱལ་གཅིས་རིང་ལུགས་དང་ཕྱི་ཚོགས་རིང་ལུགས་གཅིག་གྱུར་ཡོང་བ་ནི་ལོ་རྒྱུས་ཀྱི་འཕེལ་ཕྱོགས་ལྡོག་ཐབས་མེད་པ་ཞིག་ཡིན། ཕྱི་ལོ་༡༨༩༠ལོར་ནུབ་ཕྱོགས་བཙན་རྒྱལ་རིང་ལུགས་ཀྱིས་རང་རྒྱལ་ལ་བཙན་འཛུལ་བྱེད་འགོ་བཙུགས་པ་དང་། ལྷག་པར་དུ་ཤིང་ཏ་ལོའི་དམག་འཁྲུག་ཕམ་རྗེས། རྒྱལ་ཁབ་བསྐྱབས་ན་གཞི་ནས་འཚོ་གནས་ཐུབ་རྒྱུ་ནི་རང་རྒྱལ་གྱི་ཉེ་རབས་ནས་བཟུང་རྒྱལ་གཅེས་རིང་ལུགས་ཀྱི་ལས་འགན་ཨང་དང་པོར་གྱུར་པ་རེད། ཀྲུང་གོའི་མི་དམངས་ཀྱིས་འཚོལ་ཞིབ་ཧ་ཅང་མང་པོ་བྱས་ཡོད་ནའང་ཀྲུང་གོ་གུང་ཁྲན་ཏང་གི་འགོ་ཁྲིད་འོག་ཀྲུང་ཧྭ་མི་རིགས་པོ་ནས་མ་གཏོགས་མི་རིགས་འཛིག་ཉེན་ལས་སྐྱོབ་པའི་ལས་འགན་ལེགས་འགྲུབ་བྱེད་མི་ཐུབ་པ་དང་། ཀྲུང་ཧྭ་མི་རིགས་གཞི་ནས་འཛམ་གླིང་མི་རིགས་ཀྱི་ཁྲོད་དུ་འཕྲེང་ངེར་ལངས་ཐུབ་པ་ལོ་རྒྱུས་ཀྱི་ཐོག་ནས་ར་སྤྲོད་བྱུང་ཡོད། རྒྱལ་གཅེས་རིང་ལུགས་དེ་ཕྱི་ཚོགས་རིང་ལུགས་ཀྱི་མཐོ་ཚད་དུ་མཐོར་འདེགས་བྱས་ན། ད་གཟོད་ཀྲུང་གོའི་ཁྱད་ཆོས་ལྡན་པའི་ཕྱི་ཚོགས་རིང་ལུགས་སྔར་ལས་ལེགས་པར་འཛུགས་སྐྲུན་བྱེད་ཐུབ་པ་དོན་དངོས་ལས་ར་སྤྲོད་བྱས་ཡོད།

ཕྱི་ལོ་༢༠༡༨ལོའི་ཟླ་༡༡པར་ཀྲུང་གུང་ཀྲུང་དབྱང་དང་རྒྱལ་སྲིད་ཕྱི་ཁྲབ་ཁང་གིས་པར་འགྲེམས་བྱས་པའི《དུས་རབས་གསར་པའི་རྒྱལ་གཅེས་རིང་ལུགས་ཀྱི་སློབ་གསོ་ལག་བསྟར་གྱི་རྩ་གནད》ནང་དུ་འཀོད། མིག་སྔར་ཀྲུང་གོའི་ཁྱད་ཆོས་ལྡན་པའི་ཕྱི་ཚོགས་རིང་ལུགས་ཀྱི་དུས་རབས་གསར་པར་སླེབས་པ་དང་ཀྲུང་ཧྭ་མི་རིགས་ རླབས་ཆེན་བསྐྱར་དར་ཡོང་བའི་འགག་རྩའི་དུས་སྐབས་སུ་སླེབས་ཡོད། དུས་རབས་གསར་པར་རྒྱལ་གཅེས་རིང་ལུགས་ཀྱི་སློབ་གསོར་ཤུགས་སྣོན་རྒྱག་རྒྱུ་དེ་མི་རིགས་ཀྱི་སྙིང་སྟོབས་འཕེལ་བ་དང་མི་རིགས་ཡོངས་ཀྱི་སྟོབས་ཤུགས་གཅིག་ཏུ་སྒྲིལ་བ། ཕྱོགས་ཡོངས་ནས་འབྱོར་འབྲིང་སྤྱི་ཚོགས་བསྐྲུན་པའི་རྒྱལ་ཁའི་ཕུ་ཐག་གཅོད་པ། དུས་རབས་གསར་པའི་ཀྲུང་གོའི་ཁྱད་ཆོས་ལྡན་པའི་ཕྱི་ཚོགས་རིང་ལུགས་ཀྱི་རླབས་ཆེའི་རྒྱལ་ཁ་ལེན་པ། ཀྲུང་ཧྭ་མི་རིགས་རླབས་ཆེན་བསྐྱར་དར་གྱི་ཀྲུང་གོའི་ཕུགས་

འདུན་མངོན་གྱུར་བྱེད་པ་བཅས་ཀྱི་ངོས་ནས་བརྗོད་ན་གལ་འགངས་ཆེ་ལ་རྒྱང་རིང་གཏིང་ཟབ་ཀྱི་དོན་སྙིང་ལྡན་ཡོད་ཅེས་གསལ་སྟོན་གནང་ཡོད།

དེར་བརྟེན་རྒྱལ་གཅེས་རིང་ལུགས་ཀྱི་སློབ་གསོ་རྒྱུན་འཁྱོངས་དང་རྒྱལ་གཅེས་རིང་ལུགས་ཀྱི་སྙིང་སྟོབས་གསོ་སྐྱོང་བྱས་ན་མ་གཏོགས་རྒྱལ་ཁབ་དང་མི་རིགས་ལ་བསམ་པའི་སྲོག་ཤིང་སྟོབས་དང་ལྡན་པ་ཞིག་ཡོང་མི་ཐུབ། རྒྱལ་གཅེས་རིང་ལུགས་ཀྱི་སློབ་གསོ་བཏང་ན་མི་རིགས་ཀྱི་སྙིང་སྟོབས་ཆེར་བསྐྱེད་དང་། མི་དམངས་ཀྱི་སྟོབས་ཤུགས་གོང་འབུར་འགྲོལ་བ། སློབ་གྲྭ་འབྲིང་ཆུང་གི་སློབ་མར་ཡང་དག་པའི་མི་ཚེའི་ལྟ་བ་དང་། རིན་ཐང་གི་ལྟ་བ། འཇིག་རྟེན་གྱི་ལྟ་བ་བཅས་འཛུགས་པར་རོགས་རམ་བྱེད་ཐུབ་ཅིང་། འདིས་མི་ཞིག་གི་ཀུན་སྤྱོད་བྱང་ཚད་ལ་གལ་ཆེན་གྱི་ནུས་པ་ཐོན་ཐུབ།

དུས་རབས་གསར་པའི《གཞོན་ནུ་ལོ་ཆུང་གི་རྒྱལ་གཅེས་རིང་ལུགས་ཀྱི་སློབ་གསོའི་ཤེས་བྱའི་ལག་དེབ》སློབ་སྦྱོང་བྱས་པ་བརྒྱུད། སློབ་མ་ཚོས་ཀྲུང་གོ་གུང་ཁྲན་ཏང་གིས་བརྒྱུད་སྤྱོང་བའི་དཀའ་ཚེགས་ལ་ཁྱོན་ཡོངས་ནས་ཤེས་རྟོགས་ཐུབ་པ་དང་། དེ་བས་ད་ཆའི་ཞི་བདེའི་འཚོ་བ་ལས་སླ་པོར་བྱུང་བ་ཞིག་མིན་པ་གསལ་བར་རྟོགས་པ་བཅས་སློབ་མའི་རྒྱལ་གཅེས་ཀྱི་སྤྲོ་སེམས་འཕེལ་བ་ཡོང་ཐུབ། ཀྲུང་ཧྭ་མི་རིགས་ཀྱི་ནར་བས་ཆེན་བསྐྱར་དར་དེ་འགག་རྩའི་དུས་སྐབས་སུ་སླེབས་ཡོད་པས། སློབ་མ་ཞིག་ཡིན་པའི་ངོས་ནས་ལོ་རྒྱུས་བློ་ལ་བརྟན་པོར་ངེས་པ་དང་། རྒྱལ་ཁབ་ཀྱི་འདས་དོན་མི་བརྗེད་པ། སློབ་སྦྱོང་ཏུར་ཐག་བྱེད་པ། ཀྲུང་ཧྭ་དར་རྒྱས་གཏོང་རྒྱུ་རང་ཉིད་ཀྱི་འགན་འཁྲིར་བརྩི་བ་བཅས་བྱས་ནས་རྒྱལ་གཅེས་རིང་ལུགས་ཀྱི་བརྩེ་སེམས་འཕེལ་བ་དང་། རྒྱལ་གཅེས་རིང་ལུགས་ཀྱི་འདུ་ཤེས་ཟབ་ཏུ་གཏོང་བ། རྒྱལ་གཅེས་རིང་ལུགས་ཀྱི་སྙིང་སྟོབས་དར་སྤེལ་གཏོང་བ་བཅས་བྱས་ཏེ་ཀྲུང་ཧྭ་མི་རིགས་ནར་བས་ཆེན་བསྐྱར་དར་གྱི་ཀྲུང་གོའི་ཕྱུགས་འདུན་མངོན་གྱུར་ཡོང་ཆེད་འབད་འཐབ་བྱེད་དགོས།

༢༠༢༠ལོའི་ཟླ་༤པར།

目录

དཀར་ཆག

ལེའུ་བཞི་པ། གཟི་བརྗིད་ལྡན་པའི་ལོ་རྒྱུས་རྗེས་དྲན་གྱིས། གསར་བརྗེའི་སྔོན་གཤེགས་དཔའ་བོར་གུས་འདུད་ཞུ།

ལེའུ་ལྔ་པ། དུས་རབས་ཀྱི་མིག་དཔེར་སློབ་སྦྱོང་བྱས་ནས་རྒྱལ་གཅེས་རིང་ལུགས་ཀྱི་ཉམས་སད་དང་ལེན་བྱེད།

ལེའུ་དྲུག་པ། རྒྱལ་གཅེས་ཀྱི་བརྩེ་བ་བཅངས་ནས་སྔོན་ཐོན་པ་ཚོའི་གསར་བརྗེའི་རྗེས་ཤུལ་འཚོལ་དགོས།

ལེའུ་བདུན་པ། དུས་དང་རྣམ་པ་ཀུན་ཏུ་མེས་རྒྱལ་གྱི་རྒྱུན་འཛིན་པ་བྱེད་པའི་གྲ་སྒྲིག་བྱེད་དགོས།

第一章

秀美壮阔的河山，认识我们的祖国

我们的祖国，地大物博、山河壮丽；我们的祖国，历史悠久、文化灿烂；我们的祖国，民族团结友爱、人民奋发向上。我们为有这样伟大的祖国而自豪，为能在祖国的怀抱中成长而骄傲。

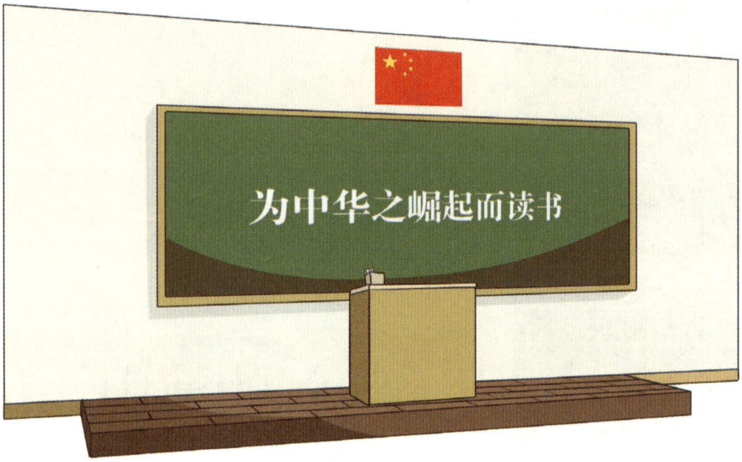

我们的祖国

中华人民共和国简称“中国”，成立于1949年10月1日，位于亚洲东部，太平洋西岸，是工人阶级领导的、以工农联盟为基础的人民民主专政的社会主义国家，以五星红旗为国旗、《义勇军进行曲》为国歌，国徽内容为国旗、天安门、齿轮和麦稻穗，通用语言文字是普通话和规范汉字，首都北京，是一个以汉族为主体、56个民族共同组成的统一的多民族国家。

中国是世界上人口最多的发展中国家，国土面积居世界第三位，是世界第二大经济体，并持续成为世界经济增长最大的贡献者。中国坚持独立自主的和平外交政策，是联合国安全理事会常任理事国，也是许多国际组织的重要成员。

我国的自然环境

中国陆地面积约 960 万平方千米，东部和南部大陆海岸线 1.8 万多千米，内海和边海的水域面积约 470 多万平方千米。海域分布有大小岛屿 7600 多个，其中台湾岛最大，面积 35798 平方千米。中国同 14 国接壤，与 8 国海上相邻。省级行政区划为 23 个省、5 个自治区、4 个直辖市、2 个特别行政区。

中国地势西高东低，呈阶梯状分布。山地、高原面积广大。东西相距约 5000 千米，大陆海岸线长达 18000 多千米。

中国地形包括盆地、沙漠、高原、平原、山地、丘陵等多种类型。气候复杂多样，有温带季风气候、亚热带季风气候、热带季风气候、温带大陆性气候和高原山地气候等气候类型，从南到北跨热带、亚热带、暖温带、中温带、寒温带温度带。

多民族国家

我国是一个统一的多民族国家，由 56 个民族组成，其中汉族人口最多，约占全国总人口的 90% 以上。其他 55 个民族人口较少，称为少数民族。

中国历史悠久，各民族都形成了自己的民族文化和生活习俗。而民族的分布特点则是大杂居、小聚居、相互交错居住。汉族地区有少数民族聚居，少数民族地区有汉族居住。这种分布格局是长期历史发展过程中各民族间相互交往、流动而形成的。

中国的少数民族主要分布在内蒙古、新疆、宁夏、广西、西藏、云南、贵州、青海、四川、甘肃、黑龙江、辽宁、吉林、湖南、湖北、海南、台湾、重庆市等省、自治区。中国民族成分最多的是云南省，有 25 个民族。

已有民族文字的民族有：蒙古、藏、维吾尔、朝鲜、哈萨克、锡伯、傣、乌孜别克、柯尔克孜、塔塔尔、俄罗斯、彝、景颇、傈僳、拉祜等。通用汉文的民族有：回、满、畲。

各少数民族都有本民族的特色文化。例如蒙古族的那达慕大会、傣族的泼水节、壮族的花朝节、回族的开斋节、藏族的藏历元旦等等，都是富有民族特点的节日文化。

资源丰富

中国幅员广大，地质条件多样，矿产资源丰富，矿产 171 种。已探明储量的有 157 种。其中钨、锑、稀土、钼、钒和钛等的探明储量居世界首位。煤、铁、铅锌、铜、银、汞、锡、镍、磷灰石、石棉等的储量均居世界前列。

中国土地资源有四个基本特点：绝对数量大，人均占有少；类型复杂多样，耕地比重小；利用情况复杂，生产力地区差异明显；地区分布不均，保护和开发问题突出。

根据第八次全国森林资源清查结果，全国森林面积 2.08 亿公顷，森林覆盖率 21.63%，森林蓄积 151.37 亿立方米。人工林面积 0.69 亿公顷，蓄积 24.83 亿立方米，居世界首位。

中国水资源总量占降水总量的 44.2%，平均每平方公里产水 29 万立方米。淡水资源总量为 2.8 万亿立方米，占世界第 6 位，人均占有量为世界人均占有量的 1/4。

中国是世界上动物资源最为丰富的国家之一。据统计，中国陆栖脊椎动物约有 2070 种，占世界陆栖脊椎动物的 9.8%。其中鸟类 1170 多种、兽类 400 多种、两栖类 184 种。

中国幅员广阔，地形复杂，气候多样，植被种类丰富，分布错综复杂。在东部季风区，有热带雨林，热带季雨林，中、南亚热带常绿阔叶林，北亚热带落叶阔叶常绿阔叶混交林，温带落叶阔叶林，寒温带针叶林，以及亚高山针叶林、温带森林草原等植被类型。在西北部和青藏高原地区，有干草原、半荒漠草原灌丛、干荒漠草原灌丛、高原寒漠、高山草原草甸灌丛等植被类型。

复杂多样的地形，使我国成为世界上植物资源最丰富的国家之一。

我国的历史和文化

中国是世界上历史最悠久的国家之一，有着五千年的悠久历史，是“四大文明古国”之一。有着光辉灿烂的文化和光荣的革命传统，世界遗产数量全球领先。两千年前修建的长城，雄伟的兵马俑；有古老的文字甲骨文，有唐诗宋词，有每一个中国人都引以为豪的四大发明，都体现了中国历史有多伟大，有很多伟大的建筑吸引了世界的目光！孕育了多民族多样性和原生态民族文化。

中国汉字是从图画、符号逐渐演变形成的，汉字的书写和发展过程导致了书法艺术的产生。中国历代都有大书法家，其书法艺术和风格成为所在朝代书法的典型代表。人们对书法的喜爱一直流传。

中国工艺美术门类繁多，技艺精湛，有许多作品堪称绝活。工艺美术可分为特种工艺和民间工艺两大类。各民族兄弟姐妹利用剪、扎、编、织、绣、雕、塑、绘等技艺制作的各种民间工艺品，千姿百态，具有浓郁的乡土气息和民族风格。

中国在世界当代音乐文化中保持着它的独特体系、独特思维和独特风格，因而对世界音乐是具有独特贡献的一个组成部分。

中国的传统戏剧有一个独特的称谓——戏曲，它与希腊悲喜剧和印度梵剧，并称为世界三大古老的戏剧文化。中国戏曲有300多个剧种，运用歌舞形式表达剧情是中国戏曲的主要手段。京剧是流传最广、影响最大的剧种，起源于昆曲（昆曲是一种更古老的戏剧艺术）。此外各地的地方戏曲在继承传统的基础上，不断地进行改革和创新。较为活跃的地方戏曲有越剧、黄梅戏、川剧、豫剧、粤剧等。西藏的藏戏具有浓郁的宗教色彩和藏民族特色，其表演粗犷豪放，别具特色。

中国文化的特点是完整、统一、包容和丰富。五千年的历史给我们留下了无尽的财富，四大发明、浩如烟海的文物古迹、无处不在的文化遗产，都是中国古老文化的遗存，中华文化在世界历史上独树一帜，值得每一个人为之自豪。

第二章

实现中国梦，新时代下的爱国主义精神

爱国主义是中国人最自然、最朴素的情感，是中华民族精神的核心。新时代加强爱国主义教育，对于提振民族精神、凝聚民族力量、实现中华民族伟大复兴的中国梦，具有重大而深远的意义。

中小学阶段是世界观、人生观、价值观形成的重要阶段，也是进行爱国主义教育的重要时期，要激发他们内心的爱国情，让新时代爱国主义精神牢牢扎根在他们的心中。

如何培养爱国主义精神

第一，认真学习国家历史、党史，了解每个时代的爱国主义精神，了解爱国人士为了国家的强盛所付出的心血。可以通过课上、课余时间翻阅图书资料等方式，更加全面地了解中华民族发展到现在的历史文化，了解那些为了祖国付出自己的一生，甚至不惜牺牲自己的生命，才换来现在的国泰民安的伟人，激发自身的爱国情怀。

第二，在成长和学习的过程中，我们要自觉树立并实践社会主义核心价值观。社会主义核心价值观是能够反映社会主义本质和建设规律的基本原则，是中国共产党人与全国人民经过革命和改革，结合国情逐步形成的符合社会发展的价值观念。尤其是“爱国、敬业、诚信、友善”反映中华民族传统美德的八个字，是社会主义道德的精华，更是国家对每个公民的基本要求。

第三，积极争当“三好”标兵。积极参与爱国教育活动，是将爱国教育转化为实际行动的具体方式，是实践社会主义核心价值观的具体体现。每个中小学生都应该用“三好”标兵的标准来严格要求自己，从身边的小事做起，注意生活中的小细节。只有做好了小事，才能做好大事。

中小学生是祖国的花朵，是未来的希望，是实现“中国梦”的新一代。因此，一定要树立正确的价值观和远大理想，刻苦学习，奋发向上，实现自己的人生价值，为中国特色社会主义建设贡献自己的一份力量。

如何用行动爱国爱党爱社会主义

进入新时代，中华民族迎来了伟大复兴的光明前景。在新时代弘扬爱国主义，就要坚持爱国和爱党、爱社会主义高度统一。现实中，爱国、爱党、爱社会主义是具体的、实践的，需要中小学生用心铭记，更需要用行动来实践。

中小学生爱国就是要把自身的理想同祖国的前途紧密联系在一起，把自己的命运同民族的命运紧密联系在一起，时时刻刻始终牢记自己是中国人，以自己是中国人而感到骄傲和自豪，为中国取得的伟大成就而骄傲和自豪。

中小学生爱党就是要热爱和拥护中国共产党，立志听党话、跟党走，多学习和掌握党的光辉历史，认识中国共产党如何在内外交困、一穷二白、举步维艰的严峻形势下，带领中国人民开展了伟大的社会主义建设，走上社会安定有序，民族团结进步，国家繁荣富强，人民幸福安康的新生活之路，从而深刻认识历史和人民选择中国共产党的客观必然性。

中小学生爱社会主义就是热爱中国共产党领导的、人民当家作主的社会主义制度，坚定中国特色社会主义的道路自信。中小学生要深刻理解“只有社会主义才能救中国，只有社会主义才能发展中国”，祖国的命运与党的命运、社会主义的命运密不可分，树立正确的历史观、民族观、国家观；并以热爱社会主义、贡献力量建设社会主义祖国为光荣，以损害社会主义祖国利益、尊严和荣誉为耻辱。

如何弘扬中国优秀传统文化

我们应该加强保护中国优秀传统文化，并将之弘扬光大。保护传统文化首先应该具有选择性，秉承“取其精华，去其糟粕”的态度。传统文化是在特定的历史背景下产生的，有一定的局限性。因此，保护传统文化的过程其实就是发扬优良传统文化、摒弃限制社会发展的文化的过程。比如，封建社会的“三纲五常”等思想都是维护封建统治的工具，这些不平等的道德制度严重束缚了人们的思想，制约了社会的发展，像这样的传统文化是必须要摒弃的。但是儒家、道家、法家、墨家等思想学派中的一些主张在现今社会中仍发挥着重要作用，如讲究仁义、崇尚自由、依法治国、人人平等，这些依然是我们现代社会所要追求的目标，是我们应该发扬光大的文化精华。

要想在如今迅速发展的社会中保护传统文化，就必须学会文化创新。比如，央视的《国家宝藏》、河南卫视的《舞千年》等一系列文博探索、传统舞蹈全新呈现节目的上线，就是中国传统文化的一种创新表现，这种创新让中国传统文化的影响跨越国界，体现了中国传统文化创新的魅力。顺应时代的发展，从现实生活中汲取养分，使传统文化与现代生活如影相随，是使传统文化更好地融入现代社会的重要方法。

在保护传统文化的同时也要正确地对待外来文化。对待外来文化我们应做到像毛泽东同志所倡导的那样，既不能照单全收，也不要全盘否定，要学会运用马克思列宁主义的辩证哲学眼光和态度去对待这些文化。因此，对待外国文化我们不要盲目跟从，对西方一些带有娱乐、生活情趣的节日，比如感恩节、情人节等，可以辩证接受，因为它们可以让我们紧张、严肃的生活得到一些放松，给生活带来一些活力。但是面对拜金主义、享乐主义等外国文化糟粕，就应该坚定地拒绝。热爱我国的传统文化，宣扬我国的传统美德，以身作则，是我们每个人的责任。作为中小学生，弘扬优秀传统文化是我们每个人都应该追求的，也是必须做到的。

如何弘扬中国梦

中小学生是中国梦的参与者，要增强学习意识，弘扬爱国主义精神，为实现中国梦而奋斗。学习是前进和发展的基础，学习影响着一个人的成长，也影响着社会的发展走向。中小学生应自觉主动学习，把学习作为一种追求，主动自觉地学习基础学科知识和党史，增强爱国主义精神，特别是要多用心学习党史、新中国史，从中汲取营养和力量，清醒认识自己肩负的使命。中小学生要在不断学习中培育和弘扬新时代的爱国主义精神，为中华民族伟大复兴而不懈奋斗。

中小学生要树立责任意识，积极弘扬爱国主义精神，为实现中国梦而奋斗。历史告诉我们，个人的前途命运与国家的前途命运紧密相连。一个人只要有坚定的爱国主义精神，把自己融入祖国的命运之中，才能更好地实现人生价值。因此，中小学生要从小树立强烈的责任感和担当意识，把个人的成长放到国家发展、民族复兴的历史坐标之中，与时代同步、与祖国共命运，用强劲的责任心，完成国家赋予我们的使命。中小学生在前进的道路上，无论何时何地，都要将爱国主义放在重要的位置，做爱国主义的坚定弘扬者和实践者，用不断的决心和信心，为实现中华民族伟大复兴的中国梦而奋斗。

存爱国之心，立报国之志

首先，我们必须拥有一颗爱国之心，树立宏大的理想和高尚的爱国情操。五四运动、一二·九运动的爆发是因为同学们都有一颗爱国之心，从而掀起了全国抗日运动的高潮。所以，在前进的道路上，只有坚定自己的方向和奋斗目标，才能激起更大的热情并且向前发展，也就不会在路途中迷失自我。

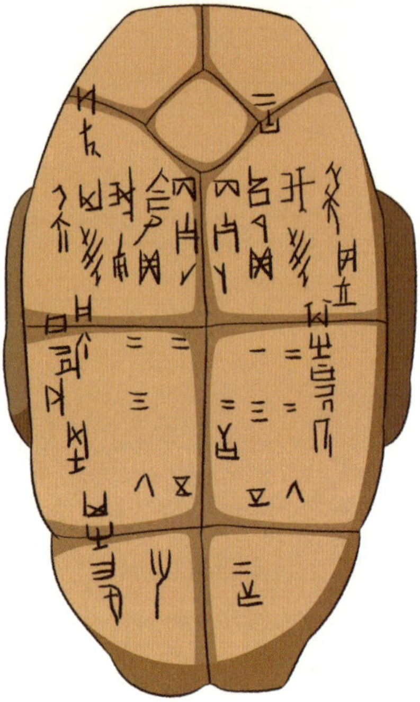

其次，要有坚韧不拔的毅力和顽强的意志。在生活中，我们总是会遇到各种各样的诱惑或困难，稍不留神就可能误入歧途或是被困难打倒。只要我们拥有坚韧不拔的毅力和顽强的意志，就不怕这些困难险阻，坚定自己的内心，就能一路坚持到底，实现自我价值。

最后，要付诸行动。当我们树立了宏大的理想后，就要付出相对应的行动，这样才能走向成功，完成心中的伟大抱负。一二·九爱国运动的爆发就是爱国青年的行动，是否能够实现目标，行动是关键，唯有付诸行动才可能实现自己的理想。

第三章

洒热血保家国，中国自古英雄多

自古以来，中华民族英雄辈出，他们为国家作出了杰出贡献，甚至献出了宝贵生命。文天祥的“人生自古谁无死？留取丹心照汗青”，戚继光的“封侯非我意，但愿海波平”，郑成功的“血染沧海何畏首，复我华夏犹不弃”，从他们留下的诗句中，我们都能感受到他们的英雄气概。

霍去病：“勇冠三军”的冠军侯

霍去病第一次征战时，只有 18 岁。他率领 800 名骁骑军深入敌境数百里，把匈奴兵杀得四散逃窜。此次战斗杀死匈奴 2028 人，俘虏单于的叔父罗姑比。自此，霍去病锋芒尽露，被授予剽姚校尉，又封冠军侯，取“勇冠三军”之意。

回顾霍去病的一生，17 岁从军，18 岁称“功冠全军”，21 岁令匈奴人闻风丧胆，名满天下。他很早就在战场上建功立业，却天妒英才，英年早逝，令人惋惜。霍去病的去世也让汉武帝十分悲伤，为了纪念霍去病的赫赫战功，他把霍去病的坟墓修建成祁连山的样子。直到今天，霍去病的坟墓依然矗立在汉武帝的茂陵旁，墓前有一座著名石像，名“马踏飞燕”，象征着霍去病的不朽功勋，是传世文物。

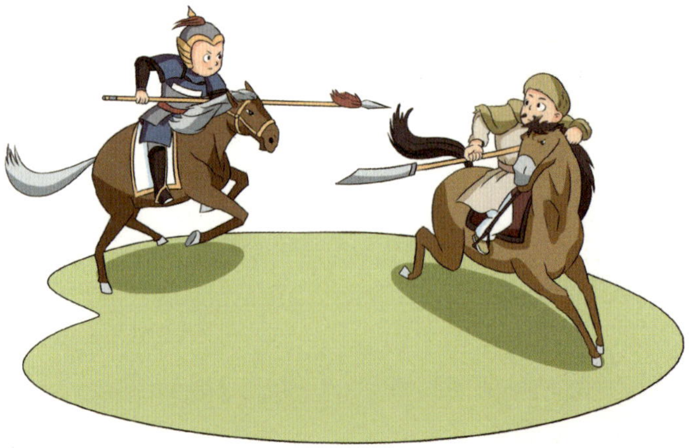

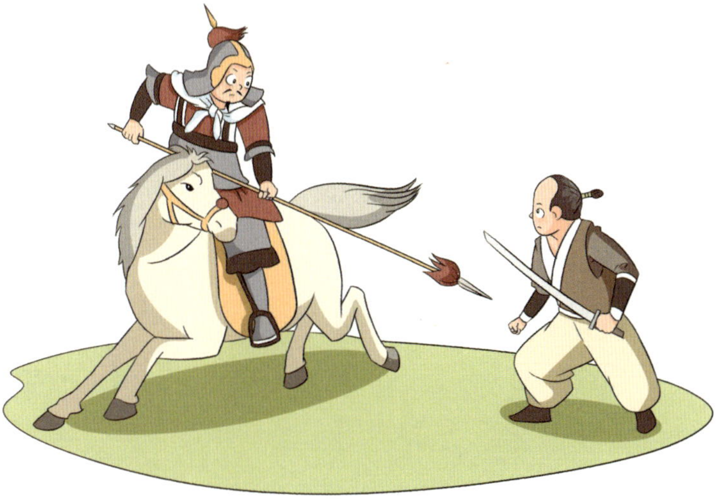

戚继光：驱逐倭寇

戚继光南征北战十余年，率领沿海军民抵御外敌，英勇奋战，浴血沙场，使东南沿海的倭寇彻底被驱赶出去，人民都过上了安居乐业的太平生活。

戚继光平定倭寇，保卫海疆，是中华民族反抗外来侵略者的民族英雄，在历史上写下了光辉的一页。他的爱国思想和丰功伟绩，人们会永远记在心中。他撰写的《纪效新书》和《练兵实纪》至今仍影响着后人。

林则徐：虎门销烟

在厦门期间，林则徐就已经注意到了鸦片走私的问题。之后，鸦片在中国更是随处可见。他便向皇帝上奏，主张严禁鸦片。还没有等到皇上的命令，他就已经在自己负责的地方开始了禁止鸦片的行动。

1839 年 3 月，林则徐受命钦差大臣，到达广州查处鸦片、开展禁烟，命令鸦片贩子在规定时间内上缴所有鸦片，并让他们保证永远不再走私鸦片。

在这段时间里，林则徐一刻都没有放松警惕，他严格查收所有鸦片，共计 230 多万斤，价值 800 多万两白银。

1839 年 6 月，林则徐、邓廷桢、关天培等文武官员监督手下向虎门滩高处两个 15 丈见方的大池子里灌入水和海盐，再倒入鸦片，等鸦片被泡透之后，再往里面倒入石灰。顿时，池子像开了锅似的，池水沸腾，冒起了白烟，弥漫在整个虎门滩。这时，通向大海的涵洞被打开了，销毁的鸦片被卷进了咆哮的海浪中。林则徐的这一壮举，不仅振奋了中国人民的志气，还狠狠地打击了外国侵略者的嚣张气焰。

虎门销烟历时 23 天，震惊中外，揭开了中国人民反侵略斗争的序幕，是中国人民反侵略斗争史上的第一个胜利，向世界表明了中华民族绝不会屈服于侵略者的决心。

第四章

忆峥嵘岁月，致敬革命先烈

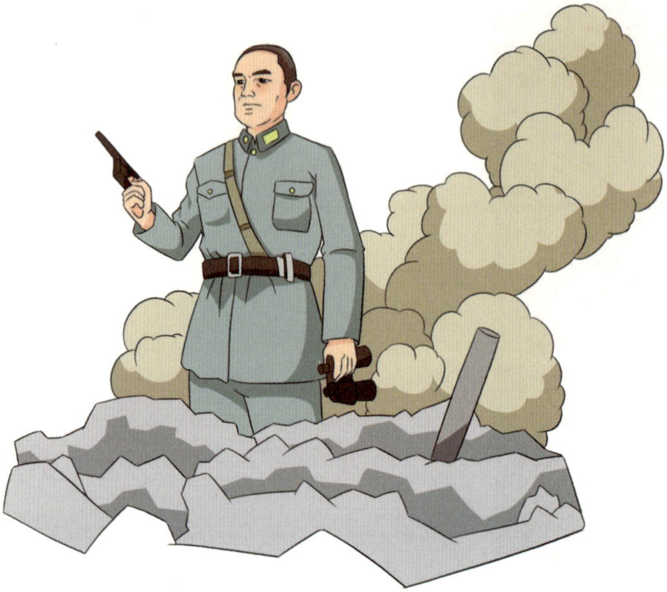

尽管战火硝烟的年代已经远去，但是那些为了国家、为了革命而献出宝贵生命的英雄却永远留在我们心中。没有他们的无私无畏，就没有我们今天的幸福生活。他们用铮铮铁骨扛起了抗战的旗帜，用鲜血染红了遍地桃花，在历史的册页上写下了悲壮的篇章。走进峥嵘岁月，让我们牢记为国牺牲的革命英雄。

方志敏：清贫的革命家

1899 年，方志敏出生在江西弋阳县，1922 年加入中国社会主义青年团，1924 年 3 月转入中国共产党。1928 年 1 月，方志敏与黄道、邵式平等发动农民起义，在历史上称为弋横起义或弋横暴动，创建赣东北苏区。方志敏先后任赣东北省、闽浙赣省苏维埃政府主席，领导红十军、红十一军，将马克思主义与赣东北的实际情况相结合，创造了一套建党、建军和建立红色政权的经验，被毛泽东称为“方志敏式”根据地。

方志敏虽然是位领导人，但是在各方面都要求自己与大家一样，不搞特殊待遇。有一次，他发现自己吃的是白米粥，大家吃的却是米糠野菜粥，于是叫警卫员告诉炊事班：“大家吃什么，我就吃什么，不能搞特殊。”老管理员听了，说：“搞什么特殊？要讲特殊也行！方主席没日没夜地操心劳累，肺痨病痛是常有的事儿，要是哪个为这事儿‘民主’提意见，我来承担。”方志敏十分感激这位老管理员，但还是把白米粥送回去了，端起了和大家一样的野菜粥。

方志敏在赣东北任主席时，有人劝他的母亲讨些钱来用，老人也认为儿子的饷银当母亲的拿一些来用是应该的，于是来找方志敏要饷银。方志敏知道自己从小学到大学的学费都是父母历尽千辛万苦借来的，到现在家里还欠着别人一大笔钱。雪上加霜的是，方志敏参加革命后，他的家被敌人烧了十多次，母亲也是走投无路了才来找自己要钱。方志敏心存愧疚，但还是诚恳地对母亲说：“我是主席，但是我当的是穷人的主席，哪里是官啊？饷银嘛，将来会有的，现在还不行。赣东北苏维埃刚成立，革命才刚开始，我们每天的饭钱也只有七分呀。”母亲听了儿子的话，说：“晓得了，晓得了。我这一趟也没有白来，晓得儿子当的是穷人的主席，我苦点儿也安心啦！”这是母亲第一次找方志敏要钱，也是最后一次。

1934 年 11 月初，方志敏、粟裕率红军北上抗日，艰苦奋战两月有余，由于敌我力量悬殊，我军损失惨重，最终因寡不敌众，方志敏于 1935 年 1 月 29 日被俘，关押在南昌国民党驻赣绥靖公署军法处看守所。在被捕当天，两个国民党士兵认出他是领导人，认为他身上一定有值钱的东西，可是这两个士兵搜遍了方志敏的全身，只搜到了一块怀表和一支钢笔。方志敏在狱中写下《清贫》一文，其中有这样几句："我从事革命斗争已经十余年了。在这长期的奋斗中，我一向是过着朴素的生活，从没有奢侈过。""清贫，洁白朴素的生活，正是我们革命者能够战胜许多困难的地方。"在狱中，面对国民党的严刑拷打，方志敏不屈不挠、视死如归，实践了自己"努力到死，奋斗到死"的誓言，牺牲时年仅 36 岁。

清贫是方志敏一生的写照，他短暂而伟大的一生，充分体现了中国共产党人的先进性及政治本色。从他的事迹中，我们能感受到甘于清贫、爱国奉献等宝贵的精神，这样的精神是我们每一个人都应该学习、发扬的。

杨靖宇：誓死不投降

1928 年，杨靖宇到开封、洛阳等地进行秘密革命工作，1929 年任抚顺特别支部书记，1931 年"九一八事变"后，任哈尔滨市道外区委书记、市委书记、满洲省委代理书记。1932 年，杨靖宇被派往南满，组建中国工农红军第三十二军南满游击队，1933 年 9 月任东北人民革命军第一军第一独立师师长兼政治委员。1936 年 7 月，杨靖宇任东北抗日联军总司令兼政治委员。杨靖宇长期转战南满大地，在参加革命期间曾五次被捕入狱，面对酷刑，他始终坚贞不屈。其中最为著名的一场战斗发生在吉林，杨靖宇率领东北联军与日寇在天寒地冻中周旋了五个日夜。当时，一些被捕的人受不了敌人的严刑拷打成为叛徒，出卖了东北抗日联军，带着敌人包围了抗日联军。在如此形势下，杨靖宇决定自己带领一支小分队留下来牵制敌人。大家纷纷抗议，杨靖宇坚决地说："我是总司令，听我的。"他跟大家解释说："敌人的主要目标是我，我的吸引力最大。"杨靖宇带领战士们打退了敌人的三次进攻，为主力部队安全转移出去争取了宝贵时间。这时，留下来的战士已经只剩五六十人了，有的还身受重伤。没有一点儿干粮，附近的群众也联系不上。他命令将伤员转移到安全地带，再准备最后的战斗。经过三天三夜的战斗，抗日联军已经弹尽粮绝，饿得前胸贴后背，杨靖宇把战士们安顿好之后，准备去给他们找些吃的。他一步一步艰难地走着，饿了就把棉衣里的棉花撕下来吃，能找到树皮就吃树皮，渴了就在地上抓起一把雪塞进嘴里。

这时，落单的杨靖宇被敌军发现了，敌兵将杨靖宇团团包围，举着枪说："快投降吧，你是逃不掉的。"杨靖宇掏出两支枪，向周围的敌军左右同时射击。敌人倒下了几个。这时杨靖宇的左手受伤了，他从棉衣上撕下布条迅速包扎完毕，敌人蜂拥而上，杨靖宇继续向敌军连续射击，又倒下了几个士兵。最后，杨靖宇的枪里只剩下了一颗子弹。

他把这颗子弹留给了自己。身受重伤的杨靖宇吃力地举起手里的枪对准了自己的太阳穴，他怒视着周围的敌人，扣下了扳机，倒在了冰天雪地之中。

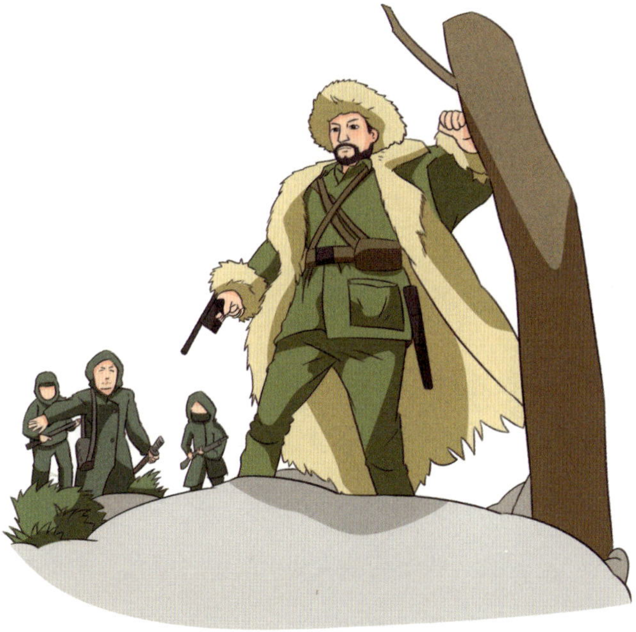

1940 年，年仅 35 岁的杨靖宇壮烈牺牲了。残忍的日军将他的身体解剖后发现，他的胃里面没有一点儿粮食，全是树皮和棉花。为了纪念他，1946 年，东北民主联军通化支队改名为杨靖宇支队，蒙江县改名为靖宇县。坚定的理想信念是杨靖宇精神的基础，支撑着他为了民族独立和共产主义理想而献身。

杨靖宇的一生是短暂的，却有着对党忠贞不二的信念。杨靖宇说过："一个忠贞的共产党员、民族革命的战士为伟大的共产主义理想，为民族解放事业，头颅不惜抛掉，鲜血可以喷洒，而忠贞不贰的意志是不会动摇的，最后胜利的信心是坚定的。"这就是杨靖宇的信仰，凭着一腔热血，就算只剩自己一个人，也绝不向敌人投降。

邱少云：纪律重于生命

1926 年，邱少云生于重庆市铜梁县少云镇玉屏村的一个贫苦家庭，他 9 岁丧父、11 岁丧母，之后就跟兄弟开始了雇工生活，受尽了压迫和剥削。为了能活下去，他甚至去街上讨饭吃，受尽了欺凌和白眼，后来又被骗，被人卖给了国民党去当兵。苦难的童年生活深深地伤害了他幼小的心灵。1949 年，四川被解放，邱少云参加了中国人民解放军，1950 年参加四川内江的"剿匪"行动，英勇奋战，和战友一起活捉匪首。

1951 年，为了响应毛主席"抗美援朝，保家卫国"的伟大号召，邱少云自愿报名参加中国人民志愿军。他来到朝鲜后，看到朝鲜一片狼藉，想到了自己童年的艰苦生活，更加激起了邱少云对帝国主义的仇恨。

1952 年，邱少云所在的连队接到一项十分艰巨的任务，就是消灭在平康和金化之间的敌人。然而，我军与敌人 391 高地之前有三千多米的平坦草地，而且这是敌人的炮火封锁区。想在这样开阔的平地上冲击，是非常困难的。

为了缩短冲击距离，给敌人来个突然袭击，我军决定在发起总攻的前一天晚上潜伏在阵地前沿。在战士们出发前夕，首长发出指示："这次任务十分重要而艰巨，同志们要提高纪律性，坚决完成任务，不管什么情况都不能暴露目标。"邱少云和战士们回答："坚决完成任务！"几百名战士潜伏在敌人眼前，而且是连续20多个小时，一点动静都不能有，任何一个人暴露目标都可能导致全军覆没。

深夜，几百名战士从头到脚都用蒿草做了伪装，他们按照原计划，井然有序地迅速分散开来，隐蔽在391高地的附近草丛中，身上的伪装与草地合为一体，看不出一点儿异常。但是在埋伏期间，意外发生了，一个班的敌人走出地堡，向着邱少云和战友们潜伏的方向走来，敌人越来越近，有两名战友被发现了，敌人慌乱之余，对着草丛胡乱扫射，然后逃往山顶。如果让他们活着回去，一定会暴露我军计划，指挥员马上下令用炮火消灭这些敌人。顿时炮火连射，截断了敌人的去路，一个班的敌人被全部歼灭。

山上的敌人听到这阵炮火声，吓得躲在里面不敢出声，半个钟头之后，空地上方来了几架敌机，从敌机上抛下了燃烧弹，一颗正好落在邱少云潜伏的草丛附近，草丛被点燃，火势蔓延到邱少云身边，他身上的蒿草烧着了。这时，他只要打一个滚，就可以扑灭火苗，但这样一来就会暴露目标。为了这场战斗能够取得胜利，邱少云就像千斤巨石般一动不动，没有发出一点声响，只是痛苦地把两只手深深地插进土地里。终于，他的头慢慢地低了下去，火势将他淹没在了草地里。这一年，邱少云才26岁。

第五章

学习时代楷模，接受爱国主义洗礼

一个人、一个组织、一个集体、一个民族，他所信仰的不应是束缚自己思想和手脚的枷锁，更不应该是斩杀自己的利刃，而应当是一股风、一缕光，催你进取，催你奋斗，指引你走向光明大道的信念。学习时代楷模的精神，让爱国主义成为自己身体内的红色基因。

邓稼先：“两弹”元勋

1948年，邓稼先通过了赴美的研究生考试，在美国普渡大学物理系就读，仅用一年多就获得了博士学位。1950年10月，他放弃了美国优越的生活条件和工作环境，怀着一颗报效祖国的赤子之心，与200多位专家一同回国。一到北京，他就找到老师王淦昌教授和彭桓武教授一起商讨建设中国近代物理研究所的事情，开启了中国原子核物理理论研究工作的新篇章。1956年，邓稼先加入中国共产党。

当知道中央决定只依靠自己的力量发展原子弹，且自己也会参与原子弹

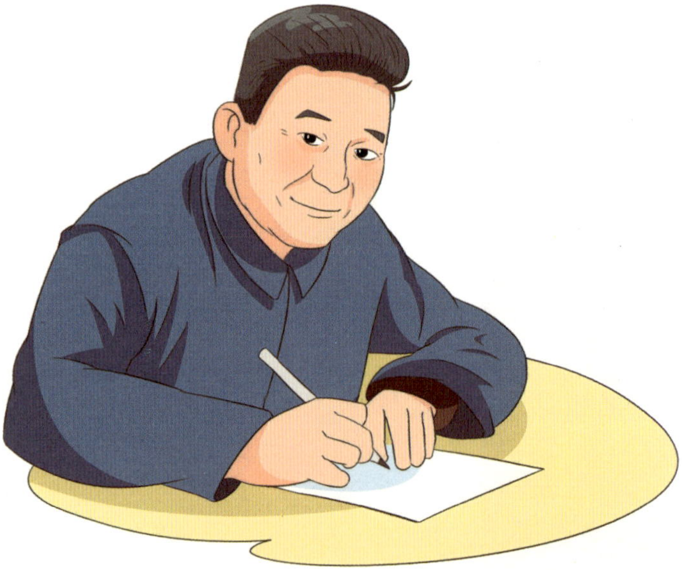

设计工作的时候，邓稼先激动不已，兴奋难眠。能为国家出自己的一份力，参与到这么光荣而又神圣的任务中，他感到非常荣幸。同时，这也是一件十分艰巨的任务，责任非常重大。从此，邓稼先全身心投入了原子弹研制事业中，他要以最快的速度把我国原子弹事业搞上去。他带着一批刚刚毕业的大学生建设试验场地，不分白天黑夜挑砖拾瓦，终于在乱坟里开辟出了一条柏路，在与世隔绝的艰苦环境中开始了原子弹的研究事业。

1964 年 10 月 16 日，我国第一颗原子弹爆炸成功。1967 年，我国第一颗氢弹爆炸试验成功。邓稼先与周光召共同完成的《我国第一颗原子弹理论研究总结》，是具有开创性的一部核武器理论设计基础著作，包含了上百位科学家的研究成果，这部著作对以后的核武器理论研究有着指导作用，还是培养科研人员的教科书。邓稼先在高温高压状态方程的研究上也有杰出贡献。除此之外，他还写了电动力学、等离子体物理等方面的讲义，就算后来担任院长，他也没有忘记在工作之余写《量子场论》和《群论》。

邓稼先作为中国知识分子的优秀代表，为了使祖国更加强大，全身心投入祖国的国防事业中，默默无闻奋斗了数十载，甘心当一个无名英雄。在研究过程中，他经常不顾自己的安危，出现在最危险的地方，身体受到了很多辐射，却依然坚守在岗位，充分体现了他为了祖国的事业无私奉献的精神。

邓稼先在条件十分艰苦的环境下依然能够刻苦钻研，为国家作出贡献，是我们每个人都应该学习的榜样。不怕吃苦、认真学习是学生应该具备的最基本的素质。为国家、为社会贡献自己的力量，是青少年义不容辞的责任。

雷锋：全心全意为人民服务的好战士

雷锋是一名中国共产党党员，在普通的岗位上做着不平凡的事，他用短暂的生命给后人留下了宝贵的财富——雷锋精神。雷锋精神的实质是无私奉献，全心全意为人民服务，忠于中国共产党，一心为共产主义事业奉献一生的精神。

1963年3月5日，毛泽东为雷锋题词并发出号召：向雷锋同志学习。此后，每年3月5日就成为“学雷锋纪念日”，全国上下一起学习雷锋精神，从此雷锋的名字家喻户晓，成为全国人民学习的楷模。

雷锋精神不仅仅是一个人的精神，而已经成为精神文明的象征。

雷锋于1954年加入中国少年先锋队，1960年加入中国人民解放军，同年11月正式加入中国共产党。雷锋同志一直不忘毛主席、中国共产党的恩情，时刻准备贡献自己的力量。

雷锋说过：“我活着只有一个目的，就是为了实现人类最伟大的理想——为实现共产主义而奋斗。”

事实上，在他短暂而年轻的生命里，他就是这样践行的，而且做得很好。在还没有入党前，雷锋将自己的经历整理成自述材料，仅用两天时间就整理了近万字。后来，他将这份材料改名为《解放后我有了家，我的母亲就是党》。在成长过程中，雷锋不断地锻炼和改造自己，使自己能为党多出一份力。

在学习方面，他有着钉子一样的精神。由于每天都要驾着车东奔西跑，很少有时间安心看书，他就每天将书包挎在身上，只要一有空，就会拿书出来看。

他在日记中这样写道：“很多人说工作忙，没有时间学习，我认为学习不在于忙不忙，而是在于你愿不愿意去学习，问题在于我们善不善于挤时间，愿不愿意去钻。就像一块板，本来上面是没有眼的，但是钉子为什么能钻进去呢？就是靠压力挤进去的。钉子有两个长处，一个挤劲，一个钻劲。”在学习上，我们都应该有这种“钉子”一样的精神。

雷锋信奉将理想与现实相结合，说到做到，言行一致。在政治上严格要求自己，不断学习和进步，在艰苦的环境中不断磨炼自己、提升自己，逐步成长为一名具有高度共产主义觉悟和道德修养的战士。

新时代青少年爱国主义教育手册在生活中，我们应该学习雷锋乐于助人、艰苦朴素的精神，时刻为国家尽自己的微薄之力，让雷锋精神发扬光大。

张超：逐梦海天的强军先锋

张超是我国海军某舰载航空兵部队正营职中队长，一级飞行员。2016 年 4 月 27 日，张超驾驶舰载战斗机进行陆基模拟着舰接地时，突发电传故障，生死一念间，他想尽自己最大的努力减少战机的损坏，推杆无效后才被迫跳伞，由于错过了最佳的跳伞时机，重重地摔到地上，经抢救无效壮烈牺牲。此前，张超是“海空卫士”王伟生前所在部队的三代机飞行员，是全团“尖刀”队员中年龄最小的一员，曾经数十次带弹紧急起飞将敌机驱离境外，是献身航

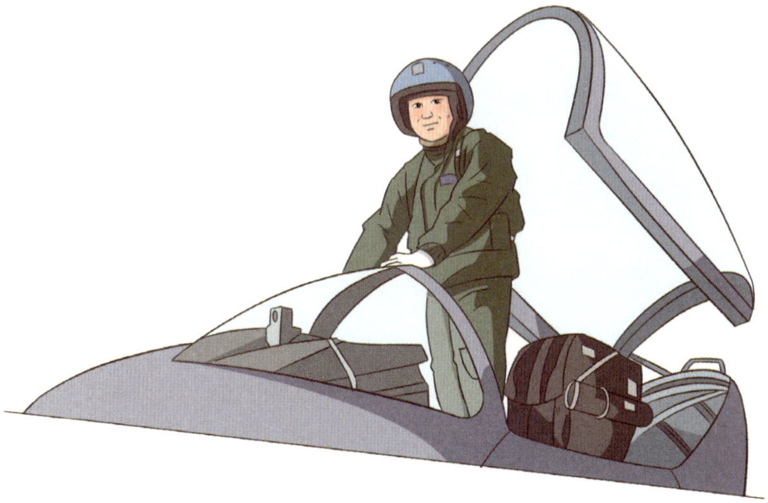

母事业的“飞鲨勇士”。

2016 年 4 月 27 日，张超已经顺利完成了两架次海上 30 米超低空飞行，驾驶 117 号战斗机执行当天的最后一个架次飞行任务：陆基模拟着舰接地。就在近乎完美的精准着陆后，飞机突然发出警报—飞机出了故障。在一瞬间，机头直直地朝向天空，飞机紧接着以很快的速度下坠，情况十分危急。这时，张超不顾自己的生命安危，首先想到的是保护战机，为了让战机最大限度地保持完好，在短短的 4.4 秒里，张超只有一个动作，就是拼尽全力推操纵杆。在这 4.4 秒里，如果张超选择跳伞，那么自救是完全来得及的，但是在这生死关头，张超完全把自己的生命安危置之度外。因为错过了最佳的跳伞时机，张超被重重地摔在了地上，受重伤的他留给战友的最后一句话是：“我是不是要死了，再也飞不了了。”没有一句怨言，心中挂念的依然是飞行。按照原计划，张超还有三天就能驾驶真正的战机在航空母舰上飞行，就能够实现他的梦想。谁能料到，年轻的生命就此定格。张超出事时年仅 29 岁，是我国舰载战斗机飞行员里最年轻的一位。

张超曾经说：“人民海军要想飞向远海大洋，就要有一群不畏风雨的雄鹰，哪怕是付出生命的代价，也要振翅高飞！”他这种英勇无畏、不怕吃苦，为祖国奉献自己一切的精神是我们每个人都应该学习的，他是“逐梦海天的强军先锋”。

第六章

感悟爱国情怀，寻找先辈的红色印迹

从中国共产党的成立到中华人民共和国的建立，从战火飞扬到革命成功，离不开先辈们的浴血杀敌、烈士们的顽强斗争。他们满怀激情，在中国历史上留下了伟大的红色印记。红色文化承载和传承了中国共产党波澜壮阔的革命史、艰苦卓绝的斗争史和可歌可泣的英雄史，我们应该铭记这段岁月，继承先辈们的革命情怀。

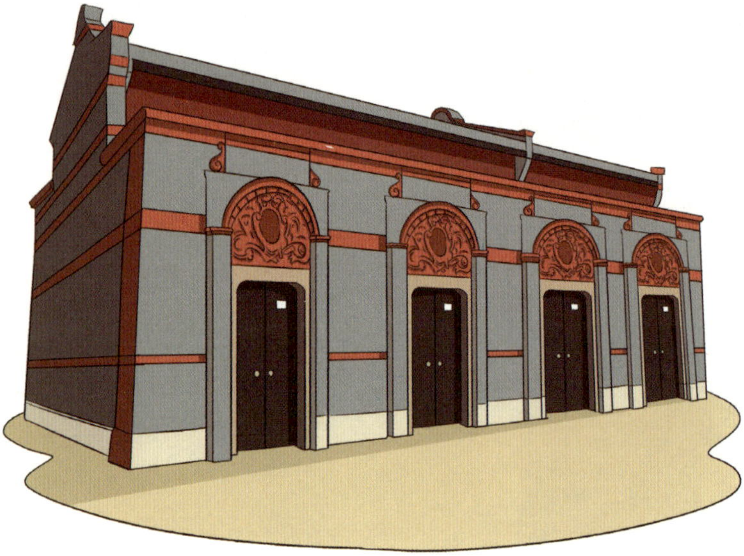

南昌起义

南昌起义由周恩来、贺龙、叶挺、朱德、刘伯承、谭平山领导，还有第二十军的苏联军事顾问库马宁。起义军的主干力量是贺龙带领的第二十军和叶挺率领的以“叶挺独立团”为骨干力量扩编的第十一军二十四师和二十五师，蔡廷锴带领的第十师，卢德铭领导的国民政府警卫团和陈毅领导的中央军政学校武汉分校，朱德领导的第三军军官教育团和南昌公安局的保安队，共两万余人。

8 月 1 日凌晨，起义军开始向南昌的国民党政权发起进攻，战斗持续了四个多小时，最终占领了全城。当天上午经过研究，对起义军进行了整编，贺龙兼代总指挥，后因敌军以重兵进攻南昌，起义军转战广东。

南昌起义从当时的军事目标来看是失败的，因为敌我军力过于悬殊，主观指导上缺乏经验，没有与湘、鄂、赣地区的农民运动相结合，而是孤军南下广东，企图争取外援，再次举行北伐，再有后来两次兵力分散，给敌人制造了各个击破的条件，导致了最后的失败。但是从政治上来说是成功的。南昌起义之后，中国共产党有了自己的军队，不仅仅是武装部队，而是经过正规军事训练的正规军队。

南昌起义充分表明了中国人民和中国共产党不畏强敌、将革命进行到底的精神，沉重打击了国民党反动派的嚣张气焰，给全国人民以极大的鼓舞。

1933 年，中华苏维埃共和国临时中央政府决定把 8 月 1 日作为中国工农红军成立纪念日。此后，8 月 1 日就成为中国工农红军和中国人民解放军的建军节。

红军长征

红军长征的主要路线：红一方面军从江西瑞金出发，途经福建、广东、湖南、广西、贵州、云南、四川、西藏、甘肃到达陕西，行程达二万五千里；红二方面军从湖南开始，途经贵州、云南、西藏、四川、青海、甘肃到达陕西，行程达两万余里；红四方面军从四川出发，途经西藏、青海到达甘肃，行程达一万余里；红二十五军从河南开始，途经湖北、甘肃到达陕西，行程近一万余里。在长征途中，红军遇到的艰难险阻数不胜数，不仅受恶劣天气的影响，还遇到了敌人的包围追击。长征期间，红军突破敌军四道防线，然后强渡乌江，占领遵义，四渡赤水，巧渡金沙江，强渡大渡河，飞夺泸定桥，翻雪山，过草地，各种艰难险阻都经历过。凭着坚强的革命意志、团结的革命信念和“一不怕苦，二不怕死”的革命精神，红军最终在甘肃会宁宣告长征胜利结束。

红军长征的原因：第一，保存革命力量，进行战略转移。由于第五次反“围剿”时期没有执行毛泽东提出的诱敌深入、歼灭敌人的游击战略，而是直接与敌人进行正面较量，导致红军因为敌我力量悬殊而节节败退，不得不退出中央苏区根据地，踏上转移之路。第二，红军一开始只是准备做暂时的战略转移，先避开敌军的主力，择机再对敌军进行反“围剿”。但是开始红军大部队行进缓慢，没能躲过敌军的围追堵截，在湘江一役红军主力损失近半，元气大伤，迫使红军不得不向敌军力量薄弱的地区转移。第三，在 1935 年 1 月的遵义会议上，重新确立了毛泽东同志对军队的指挥权，从此长征从单纯的战略转移、保存自己实力转变为消灭敌人、寻找新的立足之地。

红军长征胜利的历史意义：在长征途中的遵义会议上，纠正了博古的“左”倾冒险主义错误指导，确立了毛泽东的军事指挥地位，保证长征取得胜利。红军长征的胜利，充分表现了中国共产党人不怕吃苦的斗争精神。这种力量支撑着中国共产党和红军的发展并逐渐壮大，给全国人民带来了希望。中国工农红军的三大主力先后在艰苦的环境下进行战略转移，胜利跨越 14 个省，成功在陕甘地区会师。虽然失去了南方的根据地，主力部队也损失了很大一部分力量，但是在长征途中播下了革命的种子。就像毛泽东同志说的那样：“长征是宣言书，长征是宣传队，长征是播种机。”红军长征的胜利，预示着中国革命新的局面的开始，证明了以马克思列宁主义、毛泽东思想为指导的中国共产党和中国工农红军具有坚定的信念和顽强的生命力，能够克服一切艰难险阻。

红军长征体现了红军不畏艰难险阻、勇于克服困难的决心。面对恶劣的自然环境他们不退缩，面对敌人的追击他们不害怕，这才使长征获得了最终的胜利。这些精神都是我们应该学习的。

抗日战争

抗日战争简称抗战，是第二次世界大战中中国抵抗日本侵略的一场民族性的全面战争，国际上称为第二次中日战争、日本侵华战争。抗战时间从1931年9月18日开始算起，1945年结束，历时14年。

抗日战争可以分为三个阶段。第一阶段是战略防御阶段，从1931年至1938年10月，“九一八事变”后，日本开始对中国实施侵略战争，由此，我国开始出现了反对日本侵略的局部抗战。1937年7月7日，“七七事变”揭开了全面抗日战争的序幕。1937年8月下旬，共产党领导的红军改编为国民革命军第八路军，赶往华北前线；红军游击队改编为新四军，赶往华中前线。共产党深入敌人后方，奋起抗击日军。

第二阶段从1938年10月到1943年12月，是战略相持阶段。随着日军战线的扩大和时间的推移，日军在财力、物力、兵力方面日渐衰退，已经无

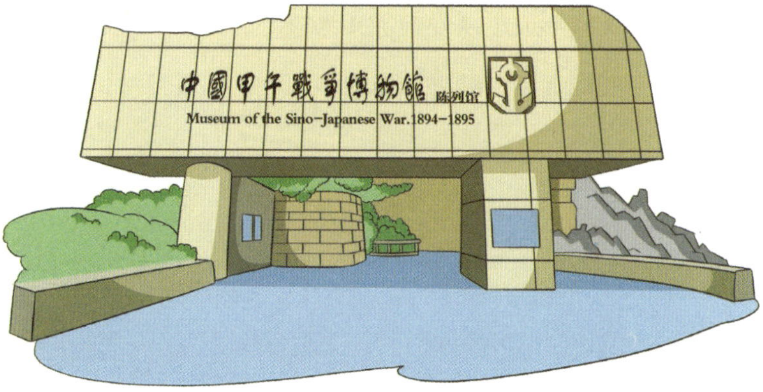

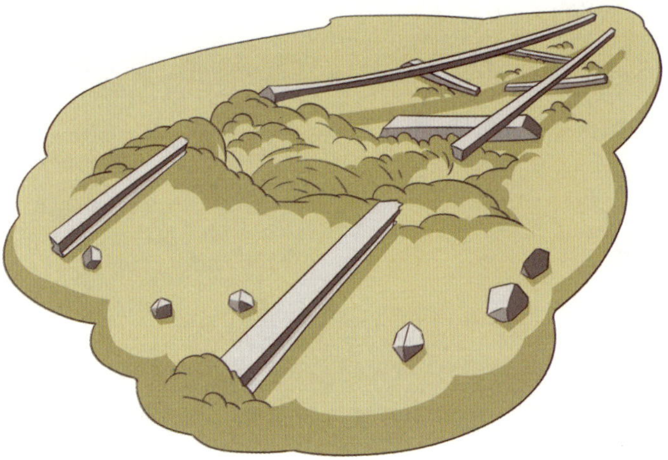

法再发动大规模战争。12 月，日军兵力严重不足，被迫收缩战线，华北方面军停止了对抗日根据地的进攻。

第三阶段从 1944 年 1 月至 1945 年 8 月，是战略反攻阶段。1944 年，共产党领导八路军、新四军、抗日根据地的军民在华北、华中、华南地区对日伪军发起了局部进攻。1945 年 8 月，在太平洋战场上，美国对日本作战取得胜利，逼近日本本土，后向日本的广岛、长崎投了两颗原子弹。1945 年 9 月，日本向中国递交了投降书。至此，抗日战争胜利结束。

抗日战争的胜利是以爱国主义为核心的伟大民族精神的胜利。在五千多年的历史中，中华民族形成了以爱国主义为核心的团结一致、顽强不息、艰苦奋斗、爱好和平的伟大民族精神。作为中国人，抗日精神是需要我们继承和发扬的。

第七章

时刻准备着，做祖国的接班人

中小学生是未来社会主义的建设者和接班人，强国梦和富国梦要靠他们来完成。中小学生要用知识武装自己、用经验历练自己，同时还要具备正确的人生观、价值观，爱党、爱国、爱社会主义，时刻准备着为国家、为人民奉献自己的力量。

如何做未来社会主义的建设者和接班人

中小学生作为祖国新时代的接班人，应该有理想、有信念，为实现中国梦贡献自己的力量。青少年要有坚定的理想信念，理想信念是青少年人生中的一盏明灯，指引着他们奋斗的方向。

中小学生作为国家的接班人，要以身作则，提高品行修养，注重道德实践，自觉弘扬爱国主义、集体主义，积极倡导社会公德、家庭美德、个人品德，带头倡导良好社会风气，在实际行动中提升品德修养，促进社会道德进步。中小学生在新时代要做到有文化，就要不断学习，不断充实自己，提升自己的内涵和文化底蕴，用知识武装头脑，并且能学以致用。

中小学生要有纪律，要自觉地遵守法律和法规，在生活中做守法的小公民，要保持清醒的头脑，不踩法律红线。

认识中国共产党

1921 年，中国共产党成立，党在领导全国各族人民为争取民族独立、人民解放而斗争的过程中，经历了北伐战争、土地革命战争、抗日战争和全国解放战争，终于在 1949 年取得了最终的胜利，成立了中华人民共和国。

中国共产党是中国工人阶级的先锋队，同时是中国人民和中华民族的先锋队，是中国特色社会主义事业的领导核心。党的最高理想和最终目标是实现共产主义。中国共产党以马克思列宁主义、毛泽东思想、邓小平理论、“三个代表”重要思想、科学发展观、习近平新时代中国特色社会主义思想作为自己的行动指南。中国共产党领导是中国特色社会主义最本质的特征。

认识中国共青团

1925 年 1 月，中国社会主义青年团在上海召开第三次全国代表大会，会议发表了《大会宣言》，并将“中国社会主义青年团”正式更名为“中国共产主义青年团”。

中国共产主义青年团是中国共产党领导的先进青年的群团组织，是中国共产党的助手与后备军，受中国共产党中央委员会领导；同时，受中国共产党的委托领导中国少年先锋队的工作，指导中华全国学生联合会开展工作。

认识中国少先队

1949 年 1 月 1 日中国共产党中央委员会发布《关于建立中国新民主主义青年团的决议》，决议中要求青年团“领导少年儿童工作”“吸收七岁到十二岁的儿童参加儿童团，吸收十三岁到十七岁的少年参加少年先锋队，较小的农村则合组为少年儿童团。”

中国少年先锋队，简称“少先队”，是中国少年儿童的群众组织，是少年儿童学习中国特色社会主义和共产主义的学校，是建设社会主义和共产主义的预备队。中国共产党委托中国共产主义青年团直接领导中国少年先锋队。

ལེའུ་དང་པོ།

བརྗིད་ཆགས་ཡིད་དུ་འོང་བའི་རི་ཀླུང་།
ང་ཚོའི་མེས་རྒྱལ་ལ་རྒྱུས་ལོན་བྱེད་པ།

ང་ཚོའི་མེས་རྒྱལ་ནི་ས་རྒྱ་ཆེ་ཞིང་ཐོན་ཁུངས་ཕུན་སུམ་ཚོགས་ལ་རི་ལྗོངས་བརྫིད་ཆགས་ཡིད་དུ་འོང་བ་ཞིག་ཡིན། ང་ཚོའི་མེས་རྒྱལ་ལ་དུས་ཡུན་རིང་བའི་ལོ་རྒྱུས་དང་འོད་སྟོང་འཕྲོ་བའི་རིག་གནས་ཤིག་ཡོད་ལ། མི་རིགས་རྣམས་ཕན་ཚུན་མཐུན་སྒྲིལ་མཛའ་བརྩེས་ཕྱུག་ཅིང་མི་དམངས་རྣམས་སྙིང་སྟོབས་ཆེར་བསྐྱེད་ཀྱིས་ཡར་རྒྱས་བརྩོན་ལེན་ལ་ཞུགས་ཡོད། ང་ཚོར་ལྷབས་ཆེན་གྱི་མེས་རྒྱལ་འདི་འདྲ་ཞིག་ཡོད་པར་སྤོབས་སེམས་སྐྱེ་དགོས་ལ་མེས་རྒྱལ་གྱི་ཕང་དུ་འཚར་ལོངས་བྱུང་བར་ཡང་སྤོབས་པས་ཁེངས་དགོས།

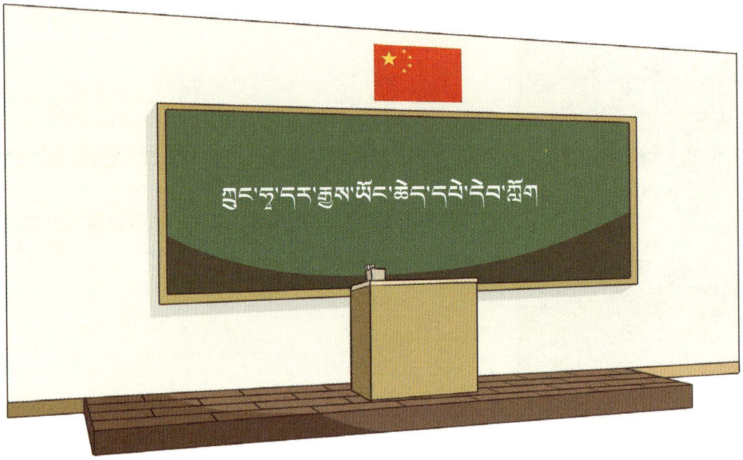

ང་ཚོའི་མེས་རྒྱལ།

ཀྲུང་ཧྭ་མི་དམངས་སྤྱི་མཐུན་རྒྱལ་ཁབ་ཀྱི་བསྡུས་མིང་ལ“ཀྲུང་གོ”ཞེས་འབོད་ཅིང་། སྤྱི་ལོ་༡༩༤༩ལོའི་ཟླ་༡༠པའི་ཚེས་༡ཉིན་དབུ་བཙུགས། དེའང་ཨེ་ཤེ་ཡའི་ཤར་རྒྱུད་དང་ཞི་བདེ་རྒྱ་མཚོའི་ནུབ་ངོགས་སུ་གནས་ལ། བཟོ་པའི་གྲལ་རིམ་གྱིས་འགོ་ཁྲིད་ཅིང་བཟོ་ཞིང་མནའ་འབྲེལ་རྨང་གཞིར་བྱས་པའི་མི་དམངས་དམངས་གཙོའི་སྲིད་དབང་སྐྱོར་འཛིན་གྱི་སྤྱི་ཚོགས་རིང་ལུགས་ཀྱི་རྒྱལ་ཁབ་ཅིག་ཡིན་ཞིང་། སྐར་ལྔའི་དར་དམར་གྱིས་རྒྱལ་དར་དང་། 《གློས་བླངས་དམག་གི་མདུན་སྐྱོད་གླུ་གཞས་》རྒྱལ་གླུར་བྱས་ཐོག །

རྒྱལ་རྟགས་ཀྱི་ནང་དོན་ནི་རྒྱལ་དར་དང་། གནམ་བདེ་སྒོ་མོ། འཁོར་ལོ་སོ་ཅན། གྲོ་སྙེ་བཅས་ཡིན་པ་དང་། སྤྱི་སྤྱོད་སྐད་ཡིག་ནི་སྤྱི་སྐད་(普通话)དང་ཚད་ལྡན་གྱི་རྒྱ་ཡིག། རྒྱལ་ས་པེ་ཅིན་བཅས་རྒྱ་རིགས་ཀྱིས་གཙོ་བོ་བྱས་ཤིང་མི་རིགས་༥༦ཐུན་མོང་དུ་གྲུབ་པའི་མི་རིགས་མང་བའི་གཅིག་གྱུར་གྱི་རྒྱལ་ཁབ་ཅིག་ཡིན།

ཀྲུང་གོ་ནི་འཛམ་གླིང་ཐོག་མི་འབོར་མང་ཤོས་ཀྱི་འཕེལ་རྒྱས་འགྲོ་བཞིན་པའི་རྒྱལ་ཁབ་ཅིག་ཡིན་པ་དང་། རྒྱལ་ཁབ་ཀྱི་ས་ཁྲོན་འཛམ་གླིང་གི་ཨང་གསུམ་པར་སླེབས་པ་གང་ཞིག། འཛམ་གླིང་གི་དཔལ་འབྱོར་སྒྲིག་གཞི་ཆེ་ གྲས་ཨང་གཉིས་པ་ཡིན་པ་མ་ཟད། འཛམ་གླིང་གི་དཔལ་འབྱོར་རྒྱུན་འཕར་ཡོང་བར་ལེགས་སྐྱེས་འབུལ་མཁན་ཆེ་ཤོས་སུ་གྱུར་ཡོད། ཀྲུང་གོས་རང་བཙན་རང་བདག་གི་ཞི་བདེའི་ཕྱི་འབྲེལ་སྲིད་ཇུས་མཐའ་འཁྱོངས་བྱེད་བཞིན་ཡོད་ཅིང་། མཉམ་འབྲེལ་རྒྱལ་ཚོགས་བདེ་འཇགས་ལས་འཛིན་ལྷན་ཚོགས་ཀྱི་ལས་འཛིན་རྒྱལ་ཁབ་ཅིག་དང་རྒྱལ་སྤྱིའི་རྩ་འཛུགས་མང་པོ་ཞིག་གི་ཁོངས་མི་གལ་ཆེན་ཡང་ཡིན།

རང་རྒྱལ་གྱི་རང་བྱུང་ཁོར་ཡུག

ཀྲུང་གོའི་སྐམ་སའི་རྒྱ་ཁྱོན་ལ་སྤྱི་ལེ་ངོས་གྲུ་མ་ཁྲི་༩༦༠ཡོད་ཅིང་། ཤར་རྒྱུད་དང་ལྷོ་རྒྱུད་ཀྱི་སྐམ་སའི་འགྲམ་རྒྱུད་ལ་སྲིང་ཚད་ཁྲི་༡.༨ལྷག་ཙམ་དང་། རྒྱལ་ཁོངས་ནང་དོས་ཀྱི་རྒྱ་མཚོ་དང་མཐའི་རྒྱ་མཚོའི་ཆུ་ཁོངས་རྒྱ་ཁྱོན་ལ་སྲིང་ཚད་ངོས་གྲུ་མ་ཁྲི་༤༧༠ལྷག་ཙམ་བཅས་ཡོད། མཚོ་ཁོངས་སུ་གླིང་ཕྲན་ཆེ་ཆུང་༧༦༠༠ལྷག་ཙམ་ཡོད་པའི་ནང་ནས་ཐའེ་ཝན་གླིང་ཕྲན་གཞི་རྒྱ་ཆེ་ཤོས་ཡིན་ཞིང་རྒྱ་ཁྱོན་ལ་སྲིང་ཚད་ངོས་གྲུ་མ་༣༥༧༩༨ཡོད། ཀྲུང་གོ་ནི་རྒྱལ་ཁབ་༡༤དང་ས་འབྲེལ་ཡིན་ལ་རྒྱལ་ཁབ་༦དང་མཚོ་ཐོག་ནས་འབྲེལ་ཡོད། དེ་བཞིན་ཞིང་ཆེན་རིམ་པའི་སྲིད་འཛིན་ཁུལ་དུ་འང་ཞིང་ཆེན་༢༣དང་། རང་སྐྱོང་ལྗོངས་༥ ཐད་གཏོགས་གྲོང་ཁྱེར་༤ དམིགས་བསལ་སྲིད་འཛིན་ཁུལ་༢བཅས་སུ་དབྱེ་ཡོད།

ཀྲུང་གོའི་ས་བབ་ནི་ནུབ་མཐོ་ལ་ཤར་དམའ་བ། སྐས་རིམ་ལྟར་ཁྲབ་ཡོད་ཅིང་། རི་ཁུལ་

དང་མཐོ་སྒང་གི་རྒྱ་ཁྱོན་ཧ་ཅང་ཆེ། ཤར་ནུབ་ཀྱི་བར་ཐག་སྟོང་སྨིད་༥༠༠༠ཙམ་ཡོད་པ་དང་སྐམ་ས་ཆེན་པོའི་མཚོ་རྒྱུད་ཀྱི་རིང་ཚད་ལ་སྟོང་སྨིད་༡༨༠༠༠ལྷག་ཙམ་ཟིན་གྱི་ཡོད།

ཀྲུང་གོའི་ས་དབྱིབས་སུ་གཞོང་ས་དང་བྱེ་ཐང་། མཐོ་སྒང་། ཐང་ཁྲུལ། རི་ཁྲུལ། རི་མ་ཐང་སོགས་རིགས་མང་པོ་འདུས་ཡོད། གནམ་གཤིས་ཁྱད་པར་ཆེ་བ་སྟེ། དྲོ་ཁུལ་གྱི་དུས་རླུང་གནམ་གཤིས་དང་། ཚ་ཁུལ་ཕལ་པའི་དུས་རླུང་གནམ་གཤིས། ཚ་ཁུལ་གྱི་དུས་རླུང་གནམ་གཤིས། དྲོ་ཁུལ་གྱི་སྐམ་ས་ཆེན་པོའི་གནམ་གཤིས། ས་མཐོའི་རི་ཁུལ་གནམ་གཤིས་སོགས་རིགས་མང་། ལྷོ་ནས་བྱང་བར་ཚ་ཁུལ་དང་ཚ་ཁུལ་ཕལ་པ། དྲོད་ཁུལ། དྲོད་ཁུལ་ཕལ་པ། གྲང་ཁུལ་བཅས་ཀྱི་གནམ་གཤིས་ཁྱབ་ཡོད།

མི་རིགས་མང་བའི་རྒྱལ་ཁབ།

རང་རྒྱལ་ནི་མི་རིགས་མང་བའི་གཅིག་གྱུར་གྱི་རྒྱལ་ཁབ་ཅིག་ཡིན་ཞིང་། མི་རིགས་༥༦ལས་གྲུབ་པ་དང་། དེའི་ནང་ནས་རྒྱ་རིགས་མི་འབོར་མང་ཤོས་ཡིན་པ་དེས་རྒྱལ་ཡོངས་ཀྱི་སྤྱིའི་མི་འབོར་གྱི་བརྒྱ་ཆ་༡༠ཡན་ཟིན་ཡོད། དེ་མིན་གྱི་མི་རིགས་༥༥ལ་མི་འབོར་ཅུང་ཉུང་བས། གྲངས་ཉུང་མི་རིགས་ཟེར།

ཀྲུང་གོར་ལོ་རྒྱུས་ཡུན་རིང་ལྡན་པས་མི་རིགས་ཁག་ཚང་མར་རང་ཉིད་ཀྱི་མི་རིགས་རིག་གནས་དང་འཚོ་བའི་གོམས་སྲོལ་ཆགས་ཡོད། མི་རིགས་ཁྱབ་ཚུལ་ལ་འདྲེས་སྡོད་ཆེན་པོ་དང་། འདུས་སྡོད་ཆུང་བ། ཕན་ཚུན་མཉམ་འདྲེས་ཀྱིས་འདུས་སྡོད་བྱེད་པ་བཅས་ཀྱི་ཁྱད་ཆོས་ལྡན་ཞིང་། རྒྱ་རིགས་ས་ཁུལ་དུ་གྲངས་ཉུང་མི་རིགས་འདུས་སྡོད་བྱས་ཡོད་ལ་གྲངས་ཉུང་མི་རིགས་ས་ཁུལ་དུའང་རྒྱ་རིགས་འདུས་སྡོད་བྱས་ཡོད། ཁྱབ་ཚུལ་དེ་ནི་དུས་ཡུན་རིང་པོའི་ལོ་རྒྱུས་ཀྱི་འཕེལ་རིམ་ནང་མི་རིགས་ཁག་དབར་ཕན་ཚུན་འགྲོ་འོང་དང་འཕོར་རྒྱུག་བྱས་ནས་བྱུང་བ་ཞིག་རེད།

ཀྲུང་གོའི་གྲངས་ཉུང་མི་རིགས་ཁག་ནི་གཙོ་བོ་ནང་སོག་དང་། ཤིན་ཅང་། ཉིང་ཞ། ཀོང་

ཤིས། བོད་ལྗོངས། ཡུན་ནན། ཀུའེ་ཀྲོའུ། མཚོ་སྔོན། སི་ཁྲོན། ཀན་སུའུ། ཧེ་ལུང་ཅང་། ལེའོ་ཉིང་། ཅི་ལིན། ཧུའུ་ནན། ཧུའུ་པེ། ཧའེ་ནན། ཐའེ་ཝན། ཁྲུང་ཆིང་གྲོང་ཁྱེར་སོགས་ཞིང་ཆེན་དང་རང་སྐྱོང་ལྗོངས་སུ་ཁྱབ་ཡོད་ཅིང་། ཡུན་ནན་ཞིང་ཆེན་ནི་ཀྲུང་གོའི་མི་རིགས་གྲུབ་ཆ་མང་ཤོས་ཀྱི་ཁུལ་ཞིག་ཡིན་ཞིང་ཁྲོད་མི་རིགས་༢༥ཡོད།

མི་རིགས་ཀྱི་ཡི་གེ་ཡོད་པའི་གྲས་སུ་སོག་པོ་དང་། བོད་རིགས། ཡུ་གུར་རིགས། ཁྲའོ་ཞན་རིགས། ཧ་སག་རིགས། ཞི་པོ་རིགས། ཏའེ་རིགས། ཨུའུ་ཙི་པེ་ཁེ་རིགས། ཁེ་འེར་ཁེ་ཙེ་རིགས། ཐ་ཐར་རིགས། ཨུ་རུ་སུའི་རིགས། དབྱིས་རིགས། ཅིན་པོ་རིགས། ལི་སུའུ་རིགས། ལ་ཧུའུ་རིགས་སོགས་ཡོད་ཅིང་། རྒྱ་ཡིག་སྤྱོད་བཞིན་པའི་མི་རིགས་ཀྱི་གྲས་སུ་ཧུའི་རིགས་དང་མན་ཇུ། ཧྲེ་རིགས་བཅས་ཡོད།

གྲངས་ཉུང་མི་རིགས་ཚང་མར་རང་མི་རིགས་ཀྱི་ཁྱད་ཆོས་ལྡན་པའི་རིག་གནས་ཡོད་དེ། དཔེར་ན་སོག་རིགས་ཀྱི་ན་ཏ་མུའུ་ཚོགས་ཆེན་དང་། ཏའེ་རིགས་ཀྱི་ཆུ་རྩེད་དུས་ཆེན། ཀྲོང་རིགས་ཀྱི་ཧྭ་ཁྲའོ་དུས་ཆེན། ཧུའི་རིགས་ཀྱི་སྒྲུང་གནས་དུས་ཆེན། བོད་ཀྱི་གནམ་ལོ་གསར་ཚེས་སོགས་ཚང་མ་མི་རིགས་ཀྱི་ཁྱད་ཆོས་ལྡན་པའི་དུས་ཆེན་རིག་གནས་ཤ་སྟག་རེད།

ཐོན་ཁུངས་ཕུན་སུམ་ཚོགས་པ།

ཀྲུང་གོ་ནི་ས་རྒྱ་ཆེ་ཞིང་ས་གཤིས་ཆ་རྐྱེན་སྣ་ཁ་འཛོམས་ལ། གཏེར་ཁའི་ཐོན་ཁུངས་ཕུན་སུམ་ཚོགས་པ་གང་ཞིག །གཏེར་ཁའི་རིགས་༡༧༡ཡོད་པ་ལས་མིག་སྔར་རྩད་ཆོད་པའི་རིགས་༡༥༧ཡོད་པའི་ཁྲོད་ནས་ལྷྭ་དང་། ཐི། ཏིའོ། ཧྥན། ཐེ་སོགས་རྩད་ཆོད་པའི་གསོག་ཚད་འཛམ་གླིང་གི་ཨང་དང་པོར་སླེབས་ཡོད་ལ། རྡོ་སོལ་དང་། ལྕགས། ཞ་ཏྲི་ཚ། ཟངས། དངུལ། གཤའ་དཀར་བཅས་དང་། ནིག །ཡིན་རྡོ། རྡོ་བལ་སོགས་གསོག་ཚད་འཛམ་གླིང་གི་མདུན་གྲལ་དུ་སླེབས་ཡོད།

ཀྲུང་གོའི་ས་ཆའི་ཐོན་ཁུངས་ལ་གཞི་རྩའི་ཁྱད་ཆོས་བཞི་ཡོད་པ་སྟེ། བསྡོམས་ཐེད་ཀྱི་

གྲངས་འབོར་མང་བ་དང་མི་རེའི་ཆ་སྙོམས་ཀྱི་བཟུང་ཚད་ཉུང་བ། ས་གཤིས་རྙོག་འཛིང་ཆེ་བ། རྩོ་ཞིང་གི་བསྡུར་ཚད་ཆུང་བ། བེད་སྤྱོད་ཀྱི་གནས་ཚུལ་རྙོག་འཛིང་ཆེ་བ། ཐོན་སྐྱེད་ནུས་ཤུགས་ས་ཁུལ་གྱི་ཁྱད་པར་མངོན་གསལ་དོད་པ། ས་ཁུལ་གྱི་ཁྱབ་སྟངས་ཆ་སྙོམས་མིན་པ། སྲུང་སྐྱོབ་དང་གསར་སྤེལ་གྱི་གནད་དོན་འབུར་དུ་ཐོན་པ་བཅས་རེད།

རྒྱལ་ཡོངས་ནགས་ཚལ་ཐོན་ཁུངས་གཙང་བཤེར་ཐེངས་བརྒྱད་པའི་འབྲས་བུར་གཞིགས་ན། རྒྱལ་ཡོངས་སུ་ནགས་ཚལ་རྒྱ་ཁྱོན་སྤྱི་ཆིང་དུང་ཕྱུར་༢.༠༨ཟིན་པ་དང་། ནགས་ཚལ་ཁྱབ་ཚད་བརྒྱ་ཆ་༢༡.༥༣ཟིན་པ། ནགས་ཚལ་གསོག་ཚད་སྨིད་རྒྱ་དཔངས་གྲུ་བཞི་མ་དུང་ཕྱུར་༡༥༡.༣༧བཅས་ཟིན་ཡོད་ལ། མིས་བཟོས་ནགས་ཚལ་གྱི་རྒྱ་ཁྱོན་སྤྱི་ཆིང་དུང་ཕྱུར་༠.༥༩ཟིན་པ་དང་གསོག་ཚད་སྨིད་རྒྱ་དཔངས་གྲུ་བཞི་མ་དུང་ཕྱུར་༢༩.༨༣ཟིན་པ་དེའང་འཛམ་གླིང་གི་ཨང་དང་པོར་སླེབས་ཡོད།

ཀྲུང་གོའི་ཆུའི་ཐོན་ཁུངས་བསྡོམས་འབོར་གྱིས་ཆར་ཆུ་འབབ་ཚད་བསྡོམས་འབོར་གྱི་བརྒྱ་ཆ་༤༤.༢ཟིན་ནས་ཆ་སྙོམས་སྤྱི་ལོ་ཞུ་བཞི་མ་རེར་ཆུ་སྨིད་རྒྱ་དཔངས་གྲུ་བཞི་མ་ཁྲི་༢༥༩ཟིན་གྱི་ཡོད། རྩ་མེད་ཆུའི་ཐོན་ཁུངས་བསྡོམས་འབོར་སྨིད་རྒྱ་དཔངས་གྲུ་བཞི་མ་དུང་ཕྱུར་ཁྲི་༢.༨ཟིན་པ་དེ་འཛམ་གླིང་གི་ཨང་དྲུག་པར་སླེབས་ཀྱི་ཡོད་པ་དང་། མི་རེའི་ཆ་སྙོམས་བཟུང་ཚད་འཛམ་གླིང་གི་མི་རེའི་ཆ་སྙོམས་བཟུང་ཚད་ཀྱི་བཞི་ཆ་གཅིག་ཟིན་ཡོད་པ་རེད།

ཀྲུང་གོ་ནི་འཛམ་གླིང་ཐོག་སྲོག་ཆགས་ཐོན་ཁུངས་ཕུན་སུམ་ཚོགས་ཤོས་ཀྱི་རྒྱལ་ཁབ་གྲས་ཤིག་ཡིན། བསྡོམས་རྩིས་བྱས་པར་གཞིགས་ན། ཀྲུང་གོར་སྐམ་སར་འཚོ་བའི་སྐལ་ཉུས་ཅན་གྱི་སྲོག་ཆགས་རིགས་༢༠༧༠ཙམ་ཡོད་པ་དེས་འཛམ་གླིང་གི་སྐམ་སར་འཚོ་བའི་སྐལ་ཉུས་ཅན་གྱི་སྲོག་ཆགས་ཀྱི་བརྒྱ་ཆ་༩.༨བཟུང་ཡོད། དེའི་ནང་འདབ་ཆགས་རིགས་༡༡༧༠དང་། གཅན་གཟན་རིགས་༨༠༠ སྐམ་ཆུ་གཉིས་འཚོའི་རིགས་༡༨༤བཅས་ཡོད།

ཀྲུང་གོ་ནི་ས་རྒྱ་ཡངས་ཤིང་ས་བབ་རྙོག་འཛིང་ཆེ་ལ། གནམ་གཤིས་ཁྱད་པར་ཆེ་བ། སྔོ་ཁིབས་ཀྱི་རིགས་ཕུན་སུམ་ཚོགས་པ། ཁྱབ་ཚུལ་རྙོག་འཛིང་ཆེ་བ་བཅས་ཡིན། ཤར་རྒྱུད་ཀྱི་དུས

ཀླུང་ཁུལ་དུ་ཆར་ཆུ་མང་བའི་ཚ་ཁུལ་ནགས་ཚལ་དང་། ཚ་ཁུལ་གྱི་དུས་ཀླུང་ནགས་ཚལ། ཀྲུང་གོའི་དབུས་རྒྱུད་དང་ཨེ་ཤེ་ཡ་ལྷོ་མའི་ཚ་ཁུལ་གྱི་རྒྱུན་ལྡང་ལོ་མ་ཆེ་བའི་ནགས་ཚལ། ཨེ་ཤེ་ཡ་བྱང་མའི་ཚ་ཁུལ་གྱི་ལོ་མ་ལྷུང་བའི་ལོ་འདབ་ཆེ་བའི་རྒྱུན་ལྡང་གི་ལོ་མ་འདྲེས་མའི་ནགས་ཚལ། དྲོད་ཁུལ་གྱི་ལོ་མ་ལྷུང་བའི་ལོ་འདབ་ཆེ་བའི་ནགས་ཚལ། གྲང་ངར་ཆེ་བའི་དྲོད་ཁུལ་གྱི་སྟུང་གཟུགས་སྡོང་པོའི་ནགས་ཚལ། དེ་བཞིན་ཨེ་ཤེ་ཡའི་རི་མཐོའི་སྟུང་གཟུགས་སྡོང་པོའི་ནགས་ཚལ། དྲོད་ཁུལ་གྱི་རྩྭ་ཐང་སོགས་སྐྱེ་ཁིབས་ཀྱི་རིགས་ཡོད། ནུབ་བྱང་རྒྱུད་དང་མཚོ་བོད་ས་མཐོའི་ཁུལ་དུ་རྩྭ་ཐང་དང་། ཕྱེད་ཐང་སྐོད་རྩྭ་ཐང་གི་སྡོང་ཕྲན་ནགས་ཛོབ། ཐང་སྐོད་རྩྭ་ཐང་གི་སྡོང་ཕྲན་ནགས་ཛོབ། ས་མཐོའི་གྲང་ངར་ཆེ་བའི་བྱེ་ཐང་། རི་མཐོའི་རྩྭ་ཐང་གི་སྡོང་ཕྲན་ནགས་ཛོབ་སོགས་སྐྱེ་ཁིབས་ཡོད་པ་རེད།

སྣ་མང་རྙོག་འཛིང་ཆེ་བའི་ས་དབྱིབས་ཀྱིས་རང་རྒྱལ་འདི་ཉིད་འཛམ་གླིང་ཐོག་གི་རྩི་ཤིང་ཐོན་ཁུངས་ཕུན་སུམ་ཚོགས་ཤོས་ཀྱི་རྒྱལ་ཁབ་གྲས་སུ་གྱུར་ཡོད།

རང་རྒྱལ་གྱི་ལོ་རྒྱུས་དང་རིག་གནས།

ཀྲུང་གོ་ནི་འཛམ་གླིང་ཐོག་ལོ་རྒྱུས་རིང་ཤོས་ལྡན་པའི་རྒྱལ་ཁབ་ཀྱི་གྲས་ཤིག་དང་། ལོ་ངོ་ལྔ་སྟོང་ཡན་གྱི་ལོ་རྒྱུས་ལྡན་པའི"ཤེས་དཔལ་དར་བའི་གནའ་བོའི་རྒྱལ་ཁབ་ཆེན་པོ་བཞི"ཡི་གྲས་ཤིག་རེད། ཆབས་ཅིག་འོད་སྟོང་རབ་ཏུ་འཕྲོ་བའི་རིག་གནས་དང་གཟི་བརྗིད་ལྡན་པའི་གསར་བརྗེའི་རྒྱུན་སྲོལ་ལྡན་ཡོད་པས་འཛམ་གླིང་ཤུལ་བཞག་གི་གྲངས་འབོར་དེ་འཛམ་གླིང་གི་མདུན་གྲལ་དུ་སླེབས་ཡོད། ལོ་ངོ་ཉིས་སྟོང་གོང་བསྐྲུན་པའི་ལྕགས་རི་རིང་པོ་དང་བརྗིད་ཉམས་ལྡན་པའི་དུར་རྫས་རྫ་བཟོས་གྱད་ཧྲ། གནའ་བོའི་རུས་བཀོས་ཡི་གེ །ཐང་རྒྱལ་རབས་ཀྱི་སྙན་ངག་དང་སུང་རྒྱལ་རབས་ཀྱི་སྙན་ཚིག །ཀྲུང་གོ་བ་ཚང་མས་སྤོབས་པ་བྱེད་འོས་པའི་གསར་གཏོད་ཆེན་པོ་བཞི་ཡོད་པ་བཅས་ཀྱི་ཐོག་ནས་ཀྲུང་གོའི་ལོ་རྒྱུས་རླབས་ཆེན་ཇི་འདྲ་ཡིན་པ་དང་། རླབས་ཆེན་གྱི་སྒྲུབ་དངོས་མང་པོས་འཛམ་གླིང་གི་སྐྱེ་བོ་ཀུན་གྱི་ཡིད་དབང་

འཕྲོག་བཞིན་ཡོད་པ་མཚོན་ཡོད་པ་མ་ཟད། མི་རིགས་མང་པོའི་སྣ་མང་རང་བཞིན་དང་གདོད་མའི་རྣམ་པའི་མི་རིགས་རིག་གནས་གསོ་སྐྱོང་བྱས་ཡོད།

ཀྲུང་གོའི་རྒྱ་ཡིག་ནི་རི་མོ་དང་མཚོན་རྟགས་ལས་རིམ་བཞིན་འགྱུར་ཡོང་བ་དང་། རྒྱ་ཡིག་འབྲི་བ་དང་འཕེལ་རྒྱས་སུ་འགྲོ་བའི་གོ་རིམ་གྱིས་ཡིག་གཟུགས་འབྲི་རྩལ་གྱི་སྒྱུ་རྩལ་བྱུང་བ་རེད། ཀྲུང་གོའི་རྒྱལ་རབས་རིམ་བྱུང་ཚང་མར་ཡིག་གཟུགས་མཁས་ཅན་ཡོད་པ་དང་དེའི་ཡིག་གཟུགས་སྒྱུ་རྩལ་དང་ཉམས་འགྱུར་དེ་རྒྱལ་རབས་ཀྱི་ཡིག་གཟུགས་འབྲི་རྩལ་གྱི་མཚོན་བྱེད་དུ་གྱུར་ཡོད་ཅིང་། མི་རྣམས་ཀྱང་ཡིག་གཟུགས་ལ་དགའ་བའི་བསམ་པ་དེ་ད་བར་མི་ཉམས་པར་གནས་ཡོད།

ཀྲུང་གོའི་བཟོ་རྩལ་མཛེས་རིས་ལ་ལས་རིགས་མང་བ་དང་། ལག་རྩལ་བྱེད་ཆུབ་པ་སོགས་བརྩམས་ཆོས་མང་པོ་ཞིག་དོ་ཟླ་བྲལ་བར་གྱུར་ཡོད། བཟོ་རྩལ་མཛེས་རིས་ལ་བཟོ་རྩལ་ཁྱད་པར་ཅན་དང་དམངས་ཁྲོད་བཟོ་རྩལ་བཅས་རིགས་ཆེན་པོ་གཉིས་སུ་དབྱེ་ཆོག །མི་རིགས་ཁག་གི་གཅེན་གཅུང་མིང་སྲིང་ཚོས་དྲས་དང་། འཚེམ། སྙི། འཐག །དྲུབ། བརྐོས། འདེམ་བཟོ། རི་མོ་སོགས་ཀྱི་ལག་རྩལ་སྤྱད་ནས་བཟོས་པའི་དམངས་ཁྲོད་ཀྱི་བཟོ་རྩལ་སྣ་ཚོགས་ཀྱི་ཉམས་འགྱུར་འདྲ་མིན་ལྡན་ཡོད་པ་དག་ལ་ཡུལ་སྲོལ་གཤིས་ལུགས་དང་མི་རིགས་ཀྱི་ཉམས་འགྱུར་ཟབ་མོ་ལྡན་ཡོད།

ཀྲུང་གོས་འཛམ་གླིང་གི་དེང་རབས་རོལ་དབྱངས་རིག་གནས་ཁྲོད་ཐུན་མོང་མ་ཡིན་པའི་མ་ལག་དང་། ཐུན་མིན་གྱི་བསམ་བློ། ཐུན་མོང་མ་ཡིན་པའི་ཁྱད་ཆོས་བཅས་རྒྱུན་འཁྱོངས་བྱས་ཡོད་པར་བརྟེན་འཛམ་གླིང་གི་རོལ་དབྱངས་ལ་ཐུན་མིན་གྱི་ལེགས་སྐྱེས་ཕུལ་ཐུབ་པའི་གྲུབ་ཆ་ཞིག་ཡིན།

ཀྲུང་གོའི་སྲོལ་རྒྱུན་ཟློས་གར་ལ་ཁྲང་ཞི་ཞེས་པའི་ཐུན་མོང་མ་ཡིན་པའི་འཕོད་སྲོལ་ཞིག་ཡོད། དེ་དང་ཀེ་རི་སེའི་སྐྱོ་གར་དང་རྒྱ་གར་གྱི་སཾསྐྲྀཏའི་ཟློས་གར་ལ་འཛམ་གླིང་གི་གནའ་བོའི་ཟློས་གར་རིག་གནས་ཆེན་པོ་གསུམ་ཞེས་བརྗོད་ཀྱི་ཡོད། ཀྲུང་གོར་ཟློས་གར་འཕྲབ་གཞུང་

༣༠༠ལྷག་ཙམ་ཡོད་པ་དང་། སླུ་གར་གྱི་རྣམ་པའི་ཐོག་ནས་བློས་གར་གྱི་ནང་དོན་མཚོན་པ་ནི་ཀྲུང་གོའི་ཁྲང་ཞིའི་མཚོན་ཐབས་གཙོ་བོ་ཞིག་ཡིན། པེ་ཅིང་གི་ཁྲང་ཞི་ནི་དར་ཁྱབ་ཆེ་ཤོས་དང་ཤུགས་རྐྱེན་ཆེ་ཤོས་ལྡན་པའི་བློས་གར་གྱི་རིགས་ཤིག་ཡིན་ཞིང་། དེའི་འབྱུང་ཁུངས་ནི་ཁུན་ཆུས་བློས་གར(ཁུན་ཆུས་བློས་གར་ནི་ཆེས་གནའ་བོའི་བློས་གར་སྐྱུ་རྩལ་གྱི་གྲས་ཤིག་ཡིན་)རེད། གཞན་ཡང་ས་གནས་ཁག་གི་བློས་གར་གྱིས་སྲོལ་རྒྱུན་རྒྱུན་འཛིན་བྱས་པའི་རྨང་གཞིའི་ཐོག་རྒྱུན་ཆད་མེད་པར་སྒྱུར་བཅོས་དང་གསར་གཏོད་བྱས་ཡོད། ཅུང་འབྲུག་ཆ་དོད་པའི་ས་གནས་བློས་གར་ལ་ཡུའི་ཅུས་བློས་གར་དང་། ཧོང་མེ་བློས་གར། སི་ཁྲོན་གྱི་བློས་གར། ཧོ་ནན་གྱི་བློས་གར། ཀོང་ཏུང་གི་བློས་གར་སོགས་ཡོད། བོད་ཀྱི་ལྷ་མོར་ཆོས་ལུགས་ཀྱི་རྣམ་པ་དང་བོད་མི་རིགས་ཀྱི་ཁྱད་ཆོས་ཟབ་མོ་ལྡན་ཡོད་ལ། གསོན་ཉམས་དོད་པའི་འཁྲབ་སྟོན་དང་ཐུན་མོང་མ་ཡིན་པའི་ཁྱད་ཆོས་ཀྱང་ལྡན་ཡོད།

ཀྲུང་གོའི་རིག་གནས་ཀྱི་ཁྱད་ཆོས་ནི་ཆ་ཚང་བ་དང་། གཅིག་གྱུར། བསྟུན་མཁས། ཕུན་སུམ་ཚོགས་པ་བཅས་ཡིན། ལོ་ངོ་ལྔ་སྟོང་གི་ལོ་རྒྱུས་ལས་ང་ཚོར་རྫོགས་མཐའ་མེད་པའི་རིན་ཆེན་རྒྱུ་ནོར་བཞག་ཡོད་པ་སྟེ། གསར་གཏོད་ཆེན་པོ་བཞི་དང་། འཛད་མཐའ་མེད་པའི་རིག་དངོས་གནའ་ཤུལ། གང་སར་མཐོང་རྒྱུ་ཡོད་པའི་རིག་གནས་ཤུལ་བཞག་བཅས་ཚང་མ་ཀྲུང་གོའི་གནའ་བོའི་རིག་གནས་ཤུལ་བཞག་རེད། ཀྲུང་ཧྭའི་རིག་གནས་ནི་འཛམ་གླིང་གི་ལོ་རྒྱུས་ཐོག་ཐུན་མོང་མ་ཡིན་པ་ཞིག་ཡིན་པས་སྐྱེ་བོ་ཚང་མས་སྤོབས་པ་བྱེད་རིན་ཡོད་པ་ཞིག་ཡིན།

ལེའུ་གཉིས་པ།

ཀྲུང་གོའི་ཕྱོགས་འདུན་མཐོན་འགྱུར་དང་དུས་རབས་གསར་པའི་རྒྱལ་གཅེས་རིང་ལུགས་ཀྱི་སྙིང་སྟོབས།

རྒྱལ་གཅེས་རིང་ལུགས་ནི་ཀྲུང་གོ་བའི་ཆེས་རང་བྱུང་དང་ཆེས་བབ་ཆགས་ཀྱི་བརྩེ་སེམས་ཡིན་ལ། ཀྲུང་ཧྭ་མི་རིགས་ཀྱི་སྙིང་སྟོབས་ཀྱི་སྲོག་ཤིང་ཡང་ཡིན། དུས་རབས་གསར་པར་རྒྱལ་གཅེས་རིང་ལུགས་ཀྱི་སློབ་གསོར་ཤུགས་སྣོན་རྒྱག་རྒྱུ་དེ་མི་རིགས་ཀྱི་སྙིང་སྟོབས་ཆེར་བསྐྱེད་དང་། མི་རིགས་ཀྱི་སྟོབས་ཤུགས་གཅིག་སྒྲིལ། ཀྲུང་ཧྭ་མི་རིགས་རླབས་ཆེན་བསྐྱར་དར་གྱི་ཀྲུང་གོའི་ཕུགས་འདུན་མངོན་འགྱུར་བཅས་ཀྱི་ངོས་ནས་བརྗོད་ན་གལ་འགངས་ཆེ་ལ་གཏིང་ཟབ་པའི་དོན་སྙིང་ལྡན་ཡོད།

སློབ་གྲྭ་འབྲིང་ཆུང་གི་དུས་མཚམས་ནི་འཛིག་རྟེན་ལྟ་བ་དང་། མི་ཚེའི་ལྟ་བ། རིན་ཐང་ལྟ་བ་བཅས་ཆགས་པའི་དུས་མཚམས་གལ་ཆེན་ཞིག་ཡིན་ལ་རྒྱལ་གཅེས་རིང་ལུགས་ཀྱི་སློབ་གསོ་གཏོང་བའི་དུས་སྐབས་གལ་ཆེན་ཞིག་ཀྱང་ཡིན་པས། ཁོང་ཚོའི་སེམས་ནང་གི་རྒྱལ་གཅེས་ཀྱི་བསམ་པ་འཕེལ་བར་བྱས་ནས་དུས་རབས་གསར་པའི་རྒྱལ་གཅེས་རིང་ལུགས་ཀྱི་སྙིང་སྟོབས་དེ་ཁོང་ཚོའི་སེམས་ནང་བརྟན་པོར་འཛུགས་ཐུབ་པ་བྱེད་དགོས།

རྒྱལ་གཅེས་རིང་ལུགས་ཀྱི་སྙིང་སྟོབས་གསོ་སྐྱོང་ཇི་ལྟར་བྱེད་དགོས་སམ།

གཅིག །རྒྱལ་ཁབ་ཀྱི་ལོ་རྒྱུས་དང་ཏང་གི་ལོ་རྒྱུས་ལ་སློབ་སྦྱོང་ནན་ཏན་བྱས་ཏེ། དུས་རབས་རེ་རེའི་རྒྱལ་གཅེས་རིང་ལུགས་ཀྱི་སྙིང་སྟོབས་ལ་ཤེས་རྟོགས་དང་། རྒྱལ་གཅེས་མི་སྣས་རྒྱལ་ཁབ་སྟོབས་འགྱུར་ལྡན་པའི་ཆེད་དུ་སེམས་ཤུགས་གང་ཡོད་བཏོན་པར་ཤེས་རྟོགས་བྱ་དགོས། སློབ་ཚན་དང་སློབ་གསེང་དུས་ཚོད་སྤྱད་ནས་དཔེ་དེབ་དང་དཔྱད་གཞིའི་ཡིག་རིགས་སོགས་ལ་བལྟས་པ་བརྒྱུད་ཀྲུང་ཧྭ་མི་རིགས་ཀྱི་ད་ལྟ་བར་འཕེལ་རྒྱས་བྱུང་བའི་ལོ་རྒྱུས་དང་རིག་གནས་ལ་ཁྱོན་ཡོངས་ནས་ཤེས་རྟོགས་དང་། མེས་རྒྱལ་གྱི་ཆེད་དུ་རང་ཉིད་ཀྱི་མི་ཚེ་རྩིལ་པོ་བློས་གཏོང་བ་དང་ཐ་ན་རང་གི་ཚེ་སྲོག་བློས་བཏང་ནས་ད་ལྟའི་རྒྱལ་དམངས་ཞི་བདེར་འགོད་མཁན་གྱི་རླབས་ཆེན་མི་སྣར་ཤེས་རྟོགས་བྱས་ཏེ་རང་ཉིད་ཀྱི་རྒྱལ་གཅེས་བརྩེ་སེམས་འཕེལ་བར་བྱེད་དགོས།

གཉིས། འཚར་ལོངས་དང་སློབ་སྦྱོང་གི་བརྒྱུད་རིམ་ཁྲོད་ང་ཚོས་སྤྱི་ཚོགས་རིང་ལུགས་ཀྱི་ལྟེ་བའི་རིན་ཐང་ལྟ་བ་རང་རྟོགས་ཀྱིས་འཛུགས་པ་དང་ལག་ལེན་བསྟར་དགོས། སྤྱི་ཚོགས་རིང་ལུགས་ཀྱི་ལྟེ་བའི་རིན་ཐང་ལྟ་བ་ནི་སྤྱི་ཚོགས་རིང་ལུགས་ཀྱི་ངོ་བོ་དང་འཛུགས་སྐྲུན་གྱི་ཆོས་ཉིད་མཚོན་པའི་གཞི་རྩའི་རྩ་དོན་དང་། ཀྲུང་གོ་གུང་ཁྲན་ཏང་མི་དང་རྒྱལ་ཡོངས་མི་དམངས་ཀྱིས་གསར་བརྗེ་དང་བསྒྱུར་བཅོས་བྱས་པ་བརྒྱུད་རྒྱལ་ཁབ་ཀྱི་གནས་ཚུལ་དངོས་དང་ཟུང་འབྲེལ་བྱས་ཏེ་རིམ་བཞིན་གྲུབ་པའི་སྤྱི་ཚོགས་གོང་དུ་འཕེལ་བ་དང་མཐུན་པའི་རིན་ཐང་གི་འདུ་ཤེས་ཤིག་རེད། ལྷག་པར་དུ"རྒྱལ་གཅེས་དང་། ལས་བཀུར། ཡིད་རྟོན། མཛའ་མཐུན"བཅས་ཀྲུང་ཧྭ་མི་རིགས་ཀྱི་སྲོལ་རྒྱུན་སྤྱོད་བཟང་མཚོན་པའི་ཡིག་འབྲུ་བརྒྱད་ནི་སྤྱི་ཚོགས་རིང་ལུགས་ཀྱི་ཀུན་སྤྱོད་ཀྱི་ཉིང་བཅུད་རེད་ལ། རྒྱལ་ཁབ་ཀྱིས་སྤྱི་དམངས་ཚང་མར་བཏོན་པའི་གཞི་རྩའི་བླང་བྱའང་རེད།

གསུམ། "བཟང་གསུམ"ཀྱི་དཔེ་དམག་ལ་ཧུར་ཐག་གིས་བརྩོན་ལེན་བྱེད་དགོས། རྒྱལ་གཅེས་སློབ་གསོའི་བྱེད་སྒོའི་ནང་ཧུར་ཐག་ཞུགས་རྒྱུ་ནི་རྒྱལ་གཅེས་སློབ་གསོ་དེ་བྱ་སྤྱོད་དངོས་ལ་སྒྱུར་བའི་ཞིབ་ཕྲའི་བྱེད་ཐབས་ཤིག་དང་། སྤྱི་ཚོགས་རིང་ལུགས་ཀྱི་ལྟེ་བའི་རིན་ཐང་ལྟ་བ་ལག་ལེན་བྱེད་པའི་ཞིབ་ཕྲའི་མཚོན་ཚུལ་ཞིག་རེད། སློབ་གྲྭ་འབྲིང་ཆུང་གི་སློབ་མ་མི་རེ་ངོ་རེ་ཚང་མས་བཟང་གསུམ་གྱི་དཔེ་དམག་ཚད་གཞིར་བརྟེན་ནས་རང་ཉིད་ལ་བླང་བྱ་ནན་པོ་འདོན་པ་དང་། ཉེ་འཁོར་གྱི་དོན་དག་ཆུང་ཅག་ནས་འགོ་བཙུགས་ཏེ་འཚོ་བའི་ཁྲོད་ཀྱི་གནད་དོན་ཆུང་ངུར་ཡང་དོ་སྣང་བྱེད་དགོས། དོན་ཆུང་ལེགས་པར་བསྒྲུབས་ན་གཞི་ནས་དོན་ཆེན་ལེགས་པར་སྒྲུབ་ཐུབ།

སློབ་གྲྭ་འབྲིང་ཆུང་གི་སློབ་མ་ནི་མེས་རྒྱལ་གྱི་མེ་ཏོག་དང་། མ་འོངས་པའི་རེ་བ། "ཀྲུང་གོའི་ཕྱོགས་འདུན"མངོན་འགྱུར་བྱེད་པའི་མི་རབས་གསར་པ་བཅས་ཡིན། དེར་བརྟེན་ངེས་པར་དུ་ཡང་དག་པའི་རིན་ཐང་ལྟ་བ་དང་ཕྱོགས་བསམ་ཆེན་པོ་བཙུགས་ཏེ་སྙིང་རུས་ཆེན་པོས་སློབ་སྦྱོང་དང་ཡར་རྒྱས་བརྩོན་ལེན་བྱས་ནས་རང་ཉིད་ཀྱི་མི་ཚེའི་རིན་ཐང་མངོན་འགྱུར་བྱས་

ཐོག །ཀྲུང་གོའི་ཁྱད་ཆོས་ལྡན་པའི་སྤྱི་ཚོགས་རིང་ལུགས་འཛུགས་སྐྲུན་བྱེད་ཆེད་རང་ཉིད་ཀྱི་ནུས་པ་ཤུགས་སྐྱེས་སུ་འབུལ་དགོས།

བྱ་སྤྱོད་ཐོག་ཇི་ལྟར་བྱས་ཏེ་རྒྱལ་ཁབ་ལ་དགའ་ཞེན་དང་། ཏང་ལ་དགའ་ཞེན། སྤྱི་ཚོགས་རིང་ལུགས་ལ་དགའ་ཞེན་བཅས་བྱེད་དགོས།

དུས་རབས་གསར་པར་སླེབས་རྗེས་ཀྲུང་ཧྭ་མི་རིགས་ཀྱིས་རྣམ་ཆེན་བསྐྱར་དར་གྱི་འོད་སྣང་འཕྲོ་བའི་མདུན་ལྗོངས་བསྟུས་ཡོད། དུས་རབས་གསར་པར་རྒྱལ་གཅེས་རིང་ལུགས་དར་སྤེལ་གཏོང་བར་རྒྱལ་གཅེས་དང་། ཏང་ལ་དགའ་ཞེན། སྤྱི་ཚོགས་རིང་ལུགས་ལ་དགའ་ཞེན་བཅས་ཚད་མཐོའི་གཅིག་གྱུར་མཐའ་འཁྱོངས་བྱེད་དགོས། དངོས་ཡོད་འཚོ་བའི་ཁྲོད་དུ་རྒྱལ་གཅེས་དང་། ཏང་ལ་དགའ་ཞེན། སྤྱི་ཚོགས་རིང་ལུགས་ལ་དགའ་ཞེན་བཅས་བྱེད་པ་ནི་ཞིབ་ཕྲ་དང་ལག་ལེན་ཞིག་ཡིན་པས་སློབ་ཕྲུ་འབྲིང་ཆུང་གི་སློབ་མས་སེམས་གཏིང་ནས་བློ་ལ་བརྟན་པོར་ངེས་དགོས་པ་མ་ཟད་བྱ་སྤྱོད་དངོས་ཀྱི་ཐོག་ནས་ལག་ལེན་བསྟར་དགོས།

སློབ་ཕྲུ་འབྲིང་ཆུང་གི་སློབ་མའི་རྒྱལ་གཅེས་ནི་རང་ཉིད་ཀྱི་ཕུགས་བསམ་མེས་རྒྱལ་གྱི་མདུན་ལམ་དང་ཟུང་འབྲེལ་དམ་ཟབ་བྱས་ཏེ། རང་ཉིད་ཀྱི་ལས་དབང་དང་མི་རིགས་ཀྱི་ལས་དབང་གཉིས་འབྲེལ་བ་དམ་ཟབ་བྱེད་པ་དང་། དུས་དང་རྣམ་པ་ཀུན་ཏུ་རང་ཉིད་ཀྲུང་གོ་བ་ཞིག་ཡིན་པ་བློ་ལ་བརྟན་པོར་ངེས་ཏེ་རང་ཉིད་ཀྲུང་གོ་བ་ཞིག་ཡིན་པའི་ངོས་ནས་སྤོབས་པ་སྐྱེ་དགོས་པ་དང་ཀྲུང་གོར་ཐོབ་པའི་རྣམ་ཆེན་གྱི་གྲུབ་འབྲས་ལ་སྤོབས་པ་སྐྱེ་དགོས་པ་དེ་རེད།

སློབ་ཕྲུ་འབྲིང་ཆུང་གི་སློབ་མས་ཏང་ལ་དགའ་ཞེན་བྱེད་པ་ནི་ཀྲུང་གོ་གུང་ཁྲན་ཏང་ལ་དགའ་ཞེན་དང་བརྩི་བཀུར་ཞུས་པ་ཡིན་པས། སེམས་ཐག་གཙང་བཅད་ཀྱིས་ཏང་གི་བཀའ་ལ་ཉན་པ་དང་ཏང་གི་རྗེས་སུ་འབྲང་བ། ཏང་གི་འོད་སྣང་འཕྲོ་བའི་ལོ་རྒྱུས་ལ་སློབ་སྦྱོང་མང་ཙམ་དང་ཁོང་དུ་ཆུད་པ་བཅས་བྱས་ཏེ་ཀྲུང་གོ་གུང་ཁྲན་ཏང་གིས་ཇི་ལྟར་བྱས་ཏེ་ཕྱི་ནང་གི་དཀའ་བ་དང་དབུལ་པོ་དབུལ་རྐྱང་། གོམ་གང་མདུན་སྤོས་ཀྱི་དཀའ་ཚོགས་ཆེ་བའི་གནས་བབ་དྲག་པོའི་འོག །ཀྲུང་གོ་མི་དམངས་ཀྱི་སྣེ་ཁྲིད་དེ་རྣམ་ཆེན་གྱི་སྤྱི་ཚོགས་རིང་ལུགས་

འཇུགས་སྐྱུན་བྱས་པ་དང་། སྤྱི་ཚོགས་བརྟན་ལྷིང་དང་གོ་རིམ་ལྡན་པའི་ཐོག་བསྐྱོད་པ། མི་རིགས་མཐུན་སྒྲིལ་ཡར་ཐོན། རྒྱལ་ཁབ་སྟོབས་འབྱོར་མངའ་ཐང་རྒྱས་པ། མི་དམངས་བདེ་སྐྱིད་ལྡན་པའི་འཚོ་བ་གསར་པའི་ཕྱོགས་སུ་འཁྲིད་པ་བཅས་ལ་རྒྱུས་ལོན་བྱས་ཐོག །ལོ་རྒྱུས་དང་མི་དམངས་ཀྱིས་ཀྲུང་གོ་གུང་ཁྲན་ཏང་གདམ་ག་བྱས་པ་ནི་ལོག་མེད་ཀྱི་ཆོས་ཉིད་ཅིག་ཡིན་པར་ངོས་འཛིན་གཏིང་ཟབ་བྱེད་དགོས།

སློབ་གྲྭ་འབྲིང་ཆུང་གི་སློབ་མས་སྤྱི་ཚོགས་རིང་ལུགས་ལ་དགའ་ཞེན་བྱེད་པ་ནི་ཀྲུང་གོ་གུང་ཁྲན་ཏང་གིས་འགོ་ཁྲིད་བྱེད་པ་དང་མི་དམངས་ཀྱིས་རང་ཁྲིམ་རང་བདག་བྱེད་པའི་སྤྱི་ཚོགས་རིང་ལུགས་ཀྱི་ལམ་ལུགས་ལ་དགའ་ཞེན་བྱེད་པ། ཀྲུང་གོའི་ཁྱད་ཆོས་ལྡན་པའི་སྤྱི་ཚོགས་རིང་ལུགས་འགྲོ་ལམ་གྱི་གདེང་ཚོད་བརྟན་དུ་གཏོང་བ་ཞིག་བཅས་རེད། སློབ་གྲྭ་འབྲིང་ཆུང་གི་སློབ་མས"སྤྱི་ཚོགས་རིང་ལུགས་ཁོ་ནས་མ་གཏོགས་ཀྲུང་གོ་སྐྱོབ་མི་ཐུབ་པ་དང་། སྤྱི་ཚོགས་རིང་ལུགས་ཁོ་ནས་མ་གཏོགས་ཀྲུང་གོ་འཕེལ་རྒྱས་གཏོང་མི་ཐུབ"ཅེས་པར་གོ་བ་གཏིང་ཟབ་བླངས་ནས། མེས་རྒྱལ་གྱི་ལས་དབང་དེ་ཏང་གི་ལས་དབང་དང་སྤྱི་ཚོགས་རིང་ལུགས་ཀྱི་ལས་དབང་དང་ཁ་འབྲལ་ཐབས་མེད། ཡང་དག་པའི་ལོ་རྒྱུས་ཀྱི་ལྟ་བ་དང་། མི་རིགས་ཀྱི་ལྟ་བ། རྒྱལ་ཁབ་ཀྱི་ལྟ་བ་བཅས་འཛུགས་པ་དང་འབྲེལ་སྤྱི་ཚོགས་རིང་ལུགས་ལ་དགའ་ཞེན་དང་སྟོབས་ཤུགས་སྐྱེས་སུ་ཕྱུལ་ནས་སྤྱི་ཚོགས་རིང་ལུགས་ཀྱི་མེས་རྒྱལ་འཛུགས་སྐྲུན་བྱ་རྒྱུ་དེ་གཟི་བརྗིད་དུ་བསྒྱུར་བ། སྤྱི་ཚོགས་རིང་ལུགས་ཀྱི་མེས་རྒྱལ་གྱི་ཁེ་ཕན་དང་ལ་རྒྱ། གཟི་བརྗིད་བཅས་ལ་གནོད་འཚེ་གཏོང་བ་དེ་ཞབས་འདྲེན་དུ་བརྩི་དགོས།

ཀྲུང་གོའི་ཕྱུལ་བྱུང་གི་སྲོལ་རྒྱུན་རིག་གནས་དར་སྤེལ་ཇི་ལྟར་གཏོང་དགོས་སམ།

ང་ཚོས་ཀྲུང་གོའི་ཕྱུལ་བྱུང་གི་སྲོལ་རྒྱུན་རིག་གནས་ལ་སྲུང་སྐྱོང་བྱེད་པར་ཤུགས་སྣོན་རྒྱག་དགོས་པ་མ་ཟད། དར་སྤེལ་དང་དར་རྒྱས་གཏོང་དགོས། སྲོལ་རྒྱུན་རིག་གནས་ལ་སྲུང་སྐྱོང་བྱེད་པར་དང་ཐོག་གདམ་ག་ཡོད་པའི་རང་བཞིན་ལྡན་དགོས་པ་དང་"སློབ་གསོ་ཁུལ་ཁོངས་" ...

ཡིན”བྱེད་པའི་རྣམ་འགྱུར་འཛིན་དགོས། སློལ་རྒྱུན་རིག་གནས་ནི་དམིགས་གཏན་འཕེལ་བའི་ལོ་རྒྱུས་ཀྱི་རྒྱབ་ལྗོངས་འོག་ཐོན་པ་ཞིག་ཡིན་པས་ཚད་བཀག་རང་བཞིན་ངེས་ཅན་ལྡན་ཡོད། དེར་བརྟེན་སློལ་རྒྱུན་རིག་གནས་ལ་སྲུང་སྐྱོང་བྱེད་པའི་བརྒྱུད་རིམ་ནི་སློལ་རྒྱུན་རིག་གནས་བཟང་པོ་དར་སྤེལ་དང་སྤྱི་ཚོགས་འཕེལ་རྒྱས་ལ་ཚད་བཀག་བཟོ་བའི་རིག་གནས་དོར་རྒྱུའི་བརྒྱུད་རིམ་ཞིག་རེད། དཔེར་ན། བཀས་བཀོད་རྒྱུད་འཛིན་སྤྱི་ཚོགས་ཀྱི“རྩ་གསུམ་རྒྱུན་ལྔ”སོགས་ཀྱི་བསམ་བློ་ནི་བཀས་བཀོད་རྒྱུད་འཛིན་གྱི་དབང་སྒྱུར་སྲུང་སྐྱོང་བྱེད་པའི་ལག་ཆ་ལྟ་བུ་ཡིན་ཞིང་། འདྲ་མཉམ་མིན་པའི་ཀུན་སྤྱོད་ལམ་ལུགས་དེ་དག་གིས་མི་རྣམས་ཀྱི་བསམ་བློར་འཆིང་སྡོམ་ཚབས་ཆེན་བཟོས་པ་དང་སྤྱི་ཚོགས་གོང་དུ་འཕེལ་བར་ཆོད་འཛིན་ཐེབས་ཡོད་པས་སློལ་རྒྱུན་གྱི་རིག་གནས་དེ་ལྟ་བུ་ངེས་པར་དུ་དོར་དགོས་ངེས་རེད། འོན་ཀྱང་ཙའུ་ལུགས་དང་། ཏའོ་ཙ། ཧྥ་ཙ། མོ་ཙ་སོགས་ཀྱི་གཞུང་ལུགས་ཁྲོད་ཀྱི་འདོད་ཚུལ་འགའ་ཤས་ཀྱིས་དེང་སྐབས་ཀྱི་སྤྱི་ཚོགས་ཁྲོད་དུའང་སྔར་བཞིན་ནུས་པ་གལ་ཆེན་འདོན་བཞིན་ཡོད། དཔེར་ན་བྱམས་སྐྱོང་དང་། བདེན་དོན་ལ་དང་དོད་བྱེད་པ། རང་དབང་ལ་བརྩི་མཐོང་བྱེད་པ། ཁྲིམས་ལྟར་རྒྱལ་སྐྱོང་བྱེད་པ། མི་ཚང་མ་འདྲ་མཉམ་ཡིན་པ་བཅས་ནི་སྔར་བཞིན་ང་ཚོའི་དེང་རབས་སྤྱི་ཚོགས་ཀྱིས་དོན་གཉེར་བྱ་དགོས་པའི་དམིགས་འབེན་ཡིན་པ་དང་། ང་ཚོས་དར་སྤེལ་ཤུགས་ཆེན་གཏོང་དགོས་པའི་རིག་གནས་ཀྱི་ཉིང་བཅུད་རེད།

མགྱོགས་མྱུར་འཕེལ་རྒྱས་འགྲོ་བཞིན་པའི་དེང་གི་སྤྱི་ཚོགས་ཁྲོད་སློལ་རྒྱུན་རིག་གནས་སྲུང་སྐྱོང་བྱེད་དགོས་ན་ངེས་པར་དུ་རིག་གནས་གསར་གཏོད་ཤེས་པ་བྱེད་དགོས། དཔེར་ན། ཀྲུང་དབྱང་བརྙན་འཕྲིན་ལས་ཁུངས་ཀྱི《རྒྱལ་ཁབ་ཀྱི་བང་མཛོད》དང་། ཧོ་ནན་སྲུང་སྐར་འཕྲིན་ལམ་གྱི《ལོ་ངོ་སྟོང་གི་ཞབས་ཁྲ》སོགས་རིག་གནས་དངོས་མང་སྟོན་ཚོགས་ཀྱི་འཚོལ་ཞིབ་དང་སློལ་རྒྱུན་ཞབས་བྲོའི་ལེ་ཚན་གསར་རྐྱང་ཞིག་བསྟན་པ་དེ་ནི་ཀྲུང་གོའི་སློལ་རྒྱུན་རིག་གནས་ཀྱི་གསར་གཏོད་མཚོན་ཚུལ་ཞིག་རེད། གསར་གཏོད་དེ་རིགས་ཀྱིས་ཀྲུང་གོའི་སློལ་རྒྱུན་རིག་གནས་ཀྱི་བག་ཆགས་རྒྱལ་མཚམས་ལས་སྒྲོལ་བས། ཀྲུང་གོའི་སློལ་རྒྱུན་རིག་གནས་

ལ་གསར་གཏོད་ཀྱི་ཡིད་དབང་འཕྲོག་ཤུགས་ཡོད་པ་ཞིག་ཀྱང་མངོན་ཡོད། དུས་རབས་ཀྱི་འཕེལ་རྒྱས་དང་བསྟུན་ཞིང་འཚོ་བ་དངོས་ཀྱི་ཁྲོད་ནས་ཉིང་བཅུད་བསྡུ་ལེན་བྱས་ཏེ་སྒྲོལ་རྒྱུན་གྱི་རིག་གནས་དང་། དེང་རབས་ཀྱི་འཚོ་བ་ཕན་ཚུན་ཤུགས་རྐྱེན་ཐེབས་ཐུབ་པ་བྱ་རྒྱུ་ནི་སྒྲོལ་རྒྱུན་རིག་གནས་དེང་རབས་སྤྱི་ཚོགས་སུ་སྤར་བས་ལེགས་པར་འདྲེས་པར་བྱེད་པའི་ཐབས་ཤེས་གལ་ཆེན་ཞིག་ཡིན།

སྒྲོལ་རྒྱུན་རིག་གནས་སྲུང་སྐྱོང་བྱེད་པ་དང་དུས་མཚུངས་ཕྱི་ནས་ཡོང་བའི་རིག་གནས་ལའང་ལྷ་སྣང་ཡང་དག་པ་འཛིན་དགོས། ཕྱི་ནས་དར་བའི་རིག་གནས་ལ་ང་ཚོས་བློ་མཐུན་མའོ་ཅོ་ཧྲུང་གིས་མཛུབ་སྟོན་གནང་བ་ལྟར་བྱེད་ཐུབ་པ་དགོས་ཤིང་། ཚང་མ་བསྡུ་ལེན་བྱེད་མི་རུང་ལ་རྩ་བ་ནས་རྩིས་མེད་དུ་གཏོང་ཡང་མི་རུང་། མར་ཁེ་སི་ལེ་ཉིན་རིང་ལུགས་ཀྱི་རྩོད་སྒྲུབ་མཚན་ཉིད་རིག་པའི་མིག་རྒྱང་དང་ལངས་ཕྱོགས་ལ་བརྟེན་ནས་རིག་གནས་དེ་དག་ལ་ལྟ་ཚུལ་འཛིན་ཤེས་པ་བྱ་དགོས། དེར་བརྟེན་ཕྱི་རྒྱལ་གྱི་རིག་གནས་ལ་འཛིན་པའི་ལྟ་ཚུལ་ང་ཚོས་རྩོངས་ཚོད་ཀྱིས་རྗེས་འབྲང་བྱེད་མི་རུང་བ་དང་། ནུབ་ཕྱོགས་ཀྱི་རོལ་རྩེད་དང་འཚོ་བའི་འདོད་ཕྱོགས་ལྡན་པའི་དུས་ཆེན་ཁ་ཤས་དཔེར་ན། བགའ་དྲིན་དུས་ཆེན་དང་དགའ་རོགས་དུས་ཆེན་སོགས་ལ་རྩོད་སྒྲུབ་ཀྱིས་དང་ལེན་བྱས་ཚོག །གང་ལགས་ཤེ་ན། དེ་དག་གིས་ང་ཚོའི་བྲེལ་འཚུབ་ཆེ་བའི་འཚོ་བར་ལྷོད་ཆ་ཙུང་ཙམ་བྱུང་སྟེ། འཚོ་བར་གསོན་ཤུགས་སྤྲིན་ཐུབ་པས་རེད། འོན་ཀྱང་རྒྱུ་དངུལ་སྐྱབས་བཀུར་རིང་ལུགས་དང་སྐྱིད་འདོད་རིང་ལུགས་སོགས་ཕྱི་རྒྱལ་གྱི་རིག་གནས་སྙིགས་རོ་རྣམས་བློ་རྩ་བརྟན་པོས་དོར་དགོས། རང་རྒྱལ་གྱི་སྒྲོལ་རྒྱུན་རིག་གནས་ལ་དགའ་ཞེན་དང་། སྒྲོལ་རྒྱུན་བཟང་པོ་སྒྲོག་སྤེལ། རང་དཔེ་གཞན་སྟོན་བཅས་བྱ་རྒྱུ་ནི་ང་ཚོ་མི་ཚང་མའི་འགན་འཁྲི་ཡིན་པས། སློབ་གྲྭ་འབྲིང་ཆུང་གི་སློབ་མ་ཞིག་ཡིན་པའི་ཆ་ནས་ཕུལ་བྱུང་གི་སྒྲོལ་རྒྱུན་རིག་གནས་དར་སྤེལ་གཏོང་རྒྱུ་ནི་ང་ཚོ་ཚང་མས་བརྩོན་ལེན་བྱེད་འོས་པ་ཞིག་ཡིན་ལ་ངེས་པར་དུ་སྒྲུབ་དགོས་ངེས་ཤིག་ཀྱང་ཡིན།

ཀྲུང་གོའི་ཕྱུགས་འདུན་དར་སྤེལ་ཇི་ལྟར་གཏོང་དགོས་སམ།

སློབ་གྲྭ་འབྲིང་ཆུང་གི་སློབ་མ་ནི་ཀྲུང་གོའི་ཕྱུགས་འདུན་ནང་ཞུགས་མཁན་ཞིག་ཡིན་པས་སློབ་སྦྱོང་གི་འདུ་ཤེས་ཟབ་ཏུ་གཏོང་བ་དང་རྒྱལ་གཅེས་རིང་ལུགས་ཀྱི་སྙིང་སྟོབས་དར་སྤེལ་བཏང་ནས་ཀྲུང་གོའི་ཕྱུགས་འདུན་མངོན་འགྱུར་ཡོང་ཆེད་འབད་འཐབ་བྱེད་དགོས། སློབ་སྦྱོང་ནི་མདུན་སྐྱོད་དང་འཕེལ་རྒྱས་ཀྱི་རྨང་གཞི་ཡིན་ཞིང་། སློབ་སྦྱོང་གིས་མི་ཞིག་འཚར་ལོངས་ཡོང་བར་ཤུགས་རྐྱེན་ཐེབས་བཞིན་ཡོད་ལ། སྤྱི་ཚོགས་འཕེལ་རྒྱས་ཀྱི་འགྲོ་ཕྱོགས་ལའང་ཤུགས་རྐྱེན་ཐེབས་བཞིན་ཡོད། སློབ་གྲྭ་འབྲིང་ཆུང་གི་སློབ་མས་རང་འགུལ་དང་སློབ་སྦྱོང་བྱེད་དགོས་ཤིང་། སློབ་སྦྱོང་བྱ་རྒྱུ་དེ་དོན་གཉེར་ཞིག་ཏུ་བརྩིས་ནས་རང་འགུལ་དང་རང་རྟོགས་དང་རྨང་གཞིའི་རིག་ཚན་གྱི་ཤེས་བྱ་དང་ཏང་གི་ལོ་རྒྱུས་སློབ་སྦྱོང་བྱས་ནས་རྒྱལ་གཅེས་རིང་ལུགས་ཀྱི་སྙིང་སྟོབས་ཆེ་རུ་གཏོང་བ་དང་ལྷག་པར་དུ་སེམས་ཉུས་ཡོད་རྒྱུས་ཏང་གི་ལོ་རྒྱུས་དང་ཀྲུང་གོ་གསར་པའི་ལོ་རྒྱུས་སློབ་སྦྱོང་བྱས་ཏེ། དེའི་ཁྲོད་ནས་ཉིང་བཅུད་དང་སྟོབས་ཤུགས་བསྡུ་ལེན་གྱིས་རང་ཉིད་ཀྱི་ཁྲག་ཏུ་འཁྱུར་བའི་ལས་འགན་གསལ་པོ་ཤེས་པ་བྱེད་དགོས། སློབ་གྲྭ་འབྲིང་ཆུང་གི་སློབ་མས་རྒྱུན་ཆད་མེད་པར་སློབ་སྦྱོང་བྱེད་པའི་ཁྲོད་དུས་རབས་གསར་པའི་རྒྱལ་གཅེས་རིང་ལུགས་ཀྱི་སྙིང་སྟོབས་སྐྱེད་སྲིང་དང་དར་སྤེལ་བཏང་ནས་ཀྲུང་ཧྭ་མི་རིགས་ཆབས་ཆེན་བསྐྱར་དར་ཡོང་ཆེད་འབད་འཐབ་ལྷོད་མེད་བྱེད་དགོས།

སློབ་གྲྭ་འབྲིང་ཆུང་གི་སློབ་མས་འགན་འཁྲིའི་འདུ་ཤེས་འཛུགས་པ་དང་རྒྱལ་གཅེས་རིང་ལུགས་ཀྱི་སྙིང་སྟོབས་དར་སྤེལ་ཧུར་ཐག་བཏང་ནས་ཀྲུང་གོའི་ཕྱུགས་འདུན་མངོན་འགྱུར་ཡོང་ཆེད་འབད་འཐབ་བྱེད་དགོས། ལོ་རྒྱུས་ཀྱིས་ང་ཚོར་མི་སྒེར་གྱི་མདུན་ལམ་དང་ལས་དབང་ནི་རྒྱལ་ཁབ་ཀྱི་མདུན་ལམ་དང་ལས་དབང་གཉིས་དང་དམ་པོར་འབྲེལ་ཡོད་པ་བསྟན་ཡོད། མི་ཞིག་ལ་རྒྱལ་གཅེས་རིང་ལུགས་ཀྱི་སྙིང་སྟོབས་བརྟན་པོ་ཞིག་ཡོད་པ་དང་། རང་ཉིད་མེས་རྒྱལ་གྱི་ལས་དབང་ཁྲོད་འདྲེས་པར་བྱས་ན་ད་གཟོད་མི་ཚེའི་རིན་ཐང་སྟར་ལས་ལེགས་པ་མངོན་འགྱུར་བྱེད་ཐུབ། དེར་བརྟེན་སློབ་གྲྭ་འབྲིང་ཆུང་གི་སློབ་མས་ཆུང་དུས་ནས་འགན་

འཕྲི་འགྱུར་སེམས་དང་འགན་འཁུར་གྱི་འདུ་ཤེས་དྲག་པོ་བཅངས་ཏེ་མི་སྡེར་གྱི་འཚར་ལོངས་དེ་རྒྱལ་ཁབ་འཕེལ་རྒྱས་དང་མི་རིགས་བསྐྱར་དར་གྱི་ལོ་རྒྱུས་ཀྱི་གནས་ཚད་ནང་བཙུག་ནས་དུས་རབས་དང་གོམ་སྟབས་གཅིག་མཚུངས་ཀྱི་སྒོ་ནས་མེས་རྒྱལ་དང་བདེ་སྡུག་མཉམ་སྤྱོད་བྱས་ཐོག །འགན་འཕྲི་འགྱུར་སེམས་ཆེན་པོས་རྒྱལ་ཁབ་ཀྱིས་ང་ཚོར་སྤྲད་པའི་ལས་འགན་ལེགས་གྲུབ་བྱེད་དགོས། སློབ་གྲྭ་འབྲིང་ཆུང་གི་སློབ་མ་ཚོས་མདུན་སྐྱོད་ཀྱི་ལམ་བུའི་ཐོག་དུས་དང་རྣམ་པ་ཀུན་ཏུ་རྒྱལ་གཅེས་རིང་ལུགས་ཀྱི་གནས་བབ་དེ་གལ་ཆེ་ཤོས་སུ་བརྩིས་ནས་རྒྱལ་གཅེས་རིང་ལུགས་དར་སྤེལ་གཏོང་མཁན་དང་ལག་ལེན་བསྟར་མཁན་ཞིག་བྱས་ཏེ་རྒྱུན་ཆད་མེད་པར་ཙོད་སེམས་དང་ཡིད་ཆེས་བརྟན་པོས་ཀྲུང་ཧྭ་མི་རིགས་རླབས་ཆེན་བསྐྱར་དར་གྱི་ཀྲུང་གོའི་ཕྱུགས་འདུན་མངོན་འགྱུར་ཡོང་ཆེད་འབད་འཐབ་བྱེད་དགོས།

རྒྱལ་གཅེས་ཀྱི་འདུ་ཤེས་སྐྱེད་ནས་རྒྱལ་ཁབ་ལ་ཕྲིན་ལན་འཇལ་བའི་འདུན་པ་འཆང་དགོས།

ཐོག་མར་ང་ཚོར་ངེས་པར་དུ་རྒྱལ་གཅེས་ཀྱི་བསམ་པ་ཞིག་ཡོད་དགོས་པ་དང་། ཕྱུགས་བསམ་རླབས་ཆེན་པོ་དང་རྒྱལ་གཅེས་ཀྱི་བསམ་པ་བླ་ན་མེད་པ་ཞིག་འཆང་དགོས། ལྔ་བཞིའི་ལས་འགུལ་དང་བཅུ་གཉིས་པའི་ཚོས་དགུའི་ལས་འགུལ་ལངས་པ་ནི་སློབ་གྲོགས་ཚང་མར་རྒྱལ་གཅེས་ཀྱི་སེམས་པ་ཞིག་ཡོད་པར་བརྟེན་རྒྱལ་ཡོངས་ཀྱི་རི་འགོག་ལས་འགུལ་གྱི་མགོ་རླབས་ཤིག་འཕྱུར་བ་རེད། དེར་བརྟེན་མདུན་སྐྱོད་ཀྱི་བགྲོད་ལམ་ཐོག་རང་ཉིད་ཀྱི་ཁ་ཕྱོགས་དང་འབད་འཐབ་ཀྱི་དམིགས་འབེན་བརྟན་པོར་འཆང་ན་གཞི་ནས་བློ་སེམས་སྟེར་ལས་ཆེ་བ་སྐྱེད་ཐུབ་པ་དང་འབྲེལ། ནུ་མཐུད་རང་ངོས་འཕེལ་རྒྱས་གཏོང་ཐུབ་ལ་ལམ་བར་དུ་འང་རང་ཉིད་བརྙག་མི་སྲིད།

དེ་ནས་བློ་བརྟན་འགྱུར་མེད་ཀྱི་སྙིང་རུས་དང་ཞུམ་མེད་ཀྱི་བློ་སྟོབས་ཡོད་དགོས། འཚོ་བའི་ཁྲོད། ང་ཚོར་རྒྱུན་པར་བསླུ་བྲིད་དང་དཀའ་ཁག་སྣ་ཚོགས་འཕྲད་སྲིད། ཙུང་དོ་སྣང་མ་བྱས་ན་ལོག་ལམ་དུ་ཁྲིད་པའམ་དཀའ་ངལ་གྱིས་ཕམ་སྲིད་པས། ང་ཚོར་བློ་བརྟན་འགྱུར་མེད་

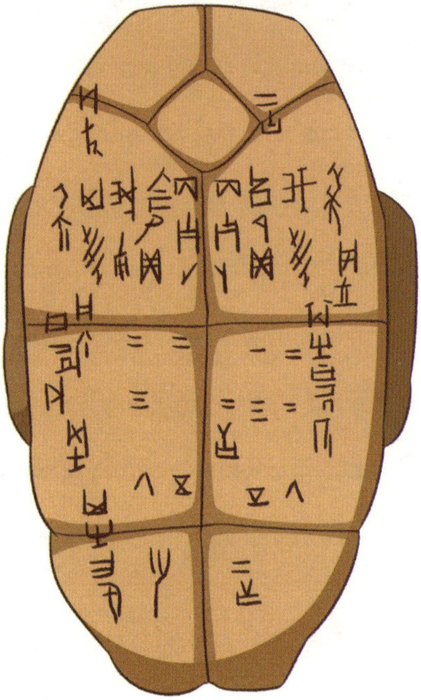

ཀྱི་སེམས་ཤུགས་དང་ཞུམ་པ་མེད་པའི་བློ་སྟོབས་ཡོད་ན། དཀའ་ངལ་དང་ཉེན་ཁ་དེ་དག་ལ་མི་སྐྲག་པ་དང་། རང་ཉིད་ཀྱི་བློ་རྩེ་བརྟན་པོ་བྱུང་ན། ལམ་གཅིག་ལ་མཐའ་འཁྱོངས་བྱས་ཏེ་རང་ཉིད་ཀྱི་རིན་ཐང་མངོན་དུ་འགྱུར་བར་བྱེད་ཐུབ།

མཇུག་ཏུ་ལག་ལེན་དངོས་ཀྱི་ཐོག་འཁྲོལ་བ་བྱ་དགོས། ང་ཚོས་ཕྱུགས་བསམ་ཧ་ཅང་ཆེན་པོ་ཞིག་འཆང་པའི་རྗེས། བསྐྱོས་བཅས་ཀྱི་བྱ་སྤྱོད་སྤེལ་ཚོ། གཞི་ནས་གྲུབ་འབྲས་ཐོབ་པའི་ཕྱོགས་སུ་ཉེ་བར་བཅར་ཐུབ་ལ་སེམས་ནང་གི་རླབས་ཆེན་ཕྱུགས་འདུན་ཡང་འགྲུབ་ཐུབ། བཅུ་གཉིས་པའི་ཚོས་དགུའི་རྒྱལ་གཅེས་ལས་འགྲུལ་ལངས་པ་དེ་ནི་རྒྱལ་གཅེས་གཞོན་ནུའི་བྱ་སྤྱོད་ཡིན་པ་དང་། དམིགས་ཡུལ་འགྲུབ་ཐུབ་མིན་དང་ལག་ལེན་བྱེད་མིན་ནི་གནད་འགག་ཡིན་སྟབས། བྱ་སྤྱོད་དངོས་ལ་བརྟེན་ན་ད་གཟོད་རང་ཉིད་ཀྱི་ཕྱུགས་བསམ་མངོན་འགྱུར་བྱེད་ཐུབ།

ལེའུ་གསུམ་པ།

ཁྲག་རྫོན་བཙོན་ནས་ཁྲིམས་གཞིས་བསྐྱངས། ཀྱང་གོར་གནའ་ནས་དཔའ་བོ་མང་།

གནའ་སྔ་མོ་ནས་བཟུང་ཀྲུང་ཧྭ་མི་རིགས་ལ་དཔའ་བོ་གྲངས་མེད་ཐོན་པ་དང་ཁོང་རྣམ་པས་རྒྱལ་ཁབ་ལ་རླབས་ཆེན་གྱི་བྱས་རྗེས་བཞག་ཡོད་པ་མ་ཟད། ཐ་ན་རྩ་ཆེའི་ཚེ་སྲོག་ཀྱང་སྐྱེས་སུ་ཕུལ་བ་རེད། ཡུན་ཐེན་ཞང་གིས། མི་འཆི་སྐྱེ་བོ་གནའ་ནས་སུ་ཞིག་མཆིས། །ལྷག་བསམ་དཀར་པོས་རྒྱལ་གཅེས་མཛད་འཕྲིན་སྐྱོངས། །ཞེས་དང་། ཆི་ཅི་ཀོང་གིས། དཔོན་ཆེན་བྱེད་པ་འདུན་པ་དངོས་མིན་ཏེ། །རྒྱལ་ཁམས་བདེ་བར་འདོད་པ་ཁོ་བོའི་བློ། །ཞེས་དང་། དེ་བཞིན་ཀྲེན་ཁྲིང་ཀུང་གིས། ཁྲག་གི་རྒྱ་མཚོ་འཁྱིལ་བའི་གནས་སུ་ལྷུང་ནའང་། །ཀྲུང་གོའི་རྒྱལ་ཁམས་སྲུང་བའི་སེམས་མི་འདོར། །ཞེས་སོགས་ཁོང་ཚོས་བཞག་པའི་སྙན་ཚིག་ལས་ང་ཚོས་དཔའ་བོ་གོང་མ་དག་གི་བློ་སྟོབས་ཉམས་སུ་མྱོང་ཐུབ།

ཧོ་ཆུས་པིང་། གཡུལ་རྒྱལ་དམག་དཔོན་ཆེན་མོ།

ཧོ་ཆུས་པིང་ཐེངས་དང་པོར་དམག་ལ་ཞུགས་དུས་ལོ་བཅོ་བརྒྱད་ལ་སོན་ཙམ་ཡིན། ཁོང་གིས་དཔའ་ངར་ཆེ་བའི་རྟ་དམག་༨༠༠ཁྲིད་དེ་དགྲ་བོའི་མངའ་ཁོངས་སུ་ལི་དབར་བརྒྱ་ཕྲག་ཁ་ཤས་བསྐྱོད་ནས་ཞུང་ནུའུ་ཡི་དམག་ལས་རྣམ་པར་རྒྱལ་ཏེ་དགྲ་བོ་ཕྱོགས་བཞིར་བྲོས་བྱོལ་དུ་འགྲོ་དགོས་པ་བཟོས། ཐེངས་འདིའི་འཐབ་འཛིང་གིས་ཞུང་ནུའུ་ཡི་དམག་མི་༢༠༢༨བསད་པ་དང་། ཁྲིན་ཡུས་ཀྱི་ཨ་ཁུ་ལོའོ་ཀུའུ་པིས་འཛིན་བཟུང་བྱས་པ་རེད། དུས་དེ་ནས་བཟུང་ཁོང་

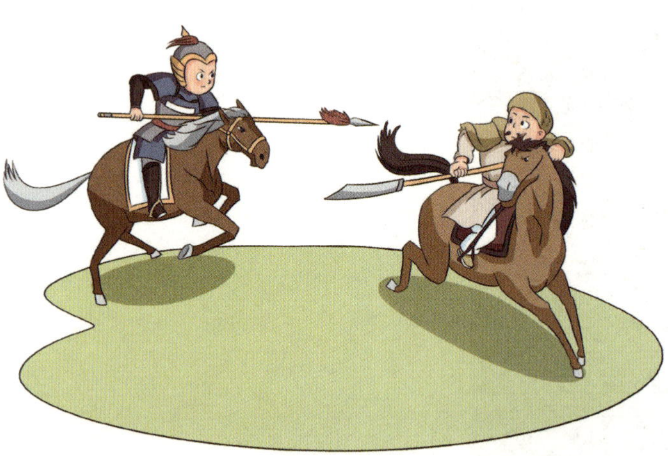

ལ་ཞའོ་ཕའི་དམག་དཔོན་དང་། ཙུན་ཧའུ་ཡི་གོ་མིང་སྐུལ་བ་དེར་དམག་གསུམ་ལས་དཔའ་ངར་ལྡན་ཤོས་ཀྱི་དམག་དཔོན་ཡིན་པའི་དོན་སྙིང་ལྡན།

ཧོ་ཆུས་པིང་གི་མི་ཚེ་རྩིལ་པོར་ཕྱིར་དྲན་བྱེད་སྐབས་ལོ་༡༧ལ་སླེབས་སྐབས་དམག་དཔུང་ནང་ཞུགས་པ་དང་། ལོ་༡༨ལ་སླེབས་སྐབས"དམག་ཡོངས་ལས་བྱུས་རྩེས་ཆེ་ཤོས"ཞེས་འབོད་པ་དང་ལོ་༢༡ལ་སླེབས་སྐབས། ཞུང་ནུའུ་བ་ཚོས་ཐོས་པ་ཙམ་གྱིས་བླ་རྩ་འདར་བར་གྱུར་ཏེ་གནམ་འོག་ཀུན་ཏུ་སྐད་གྲགས་ཆེད། ཁོང་གིས་སྔ་མོ་ནས་གཡུལ་སར་བྱུས་རྩེས་བཞག་མོད། འོན་ཀྱང་འཛོན་ཐང་ཅན་ལ་གོད་ཆག་མང་ཞེས་པའི་དཔེ་ལྟར་སྐུ་ན་གཞོན་དུས་ནས་ཚེ་ལས་འདས་པ་ནི་ཡིད་ཕངས་དགོས་པ་ཞིག་རེད། ཧོ་ཆུས་པིང་ཚེ་ལས་འདས་པ་དེས་ཀྱང་ཧན་ཝུའུ་ཏི་ཐུགས་སེམས་ཧ་ཅང་སྐྱོ་བར་གྱུར་ཏེ། འཐབ་འཛིང་གི་བྱུས་རྩེས་གཟིངས་སུ་ཐོན་པར་དྲན་གསོ་ཞུ་ཆེད་ཁོང་གི་དུར་ས་ཆི་ལན་རི་བོའི་དབྱིབས་སུ་བསྐྲུན་ནས། ད་ལྟའང་ཧོ་ཆུས་པིང་གི་དུར་ས་སྔར་བཞིན་ཧན་ཝུའུ་ཏི་ཡི་དུར་སའི་འགྲམ་དུ་འགྲིང་ངེར་བསླངས་ཡོད་པ་དང་། དུར་སའི་མདུན་དུ་རྡོ་བརྐོས་གྲགས་ཅན་ཧ་མཆོག་ཏར་མཆོངས་ཞེས་པ་ཞིག་ཡོད་པ་དེས་ཧོ་ཆུས་པིང་གི་ཉམས་པ་མེད་པའི་མཛད་རྗེས་དང་བསྟུན་ནས་མི་རབས་ནས་མི་རབས་བར་བརྒྱུད་པའི་རིག་དངོས་ཤིག་ཏུ་གྱུར་ཡོད།

ཆི་ཅི་ཀོང་གིས་རི་པིན་ཇག་རྐུན་མཐར་སྐྲོད་བཏང་བ།

ཆི་ཅི་ཀོང་དམག་ཏུ་བསྐྱོད་ནས་ལོ་བཅུ་ལྷག་ཙམ་སོང་རིང་། མཚོ་རྒྱུད་དམག་དམངས་ཀྱི་སྣེ་ཁྲིད་དེ་ཕྱི་དགྲ་འགོག་ཆེད། དཔའ་མཛངས་རྩལ་ཕོད་ཀྱིས་ཁྲག་བཏོན་དམར་འཛིང་བྱས་པས། ཤར་ལྷོའི་མཚོ་རྒྱུད་ཀྱི་རི་པིན་ཇག་རྐུན་དེ་ཉིད་ཐད་དེ་ཕྱིར་བསྐྲད་དེ་མི་དམངས་ཚང་མ་བདེ་སྡོད་ལས་བརྩོན་གྱི་ཞི་བདེའི་འཚོ་བ་སྐྱིལ་རྒྱུ་བྱུང་ཡོད།

ཆི་ཅི་ཀོང་གིས་རི་པིན་ཇག་དམག་མཐར་སྐྲོད་བཏང་ནས། མིས་རྒྱལ་མཚོ་ཁོངས་ལ་སྲུང་སྐྱོབ་གནང་བས། ཀྲུང་ཧྭ་མི་རིགས་ཀྱི་བཙན་འཛུལ་པར་འགོག་རྒོལ་བྱེད་པའི་མི་རིགས་ཀྱི་

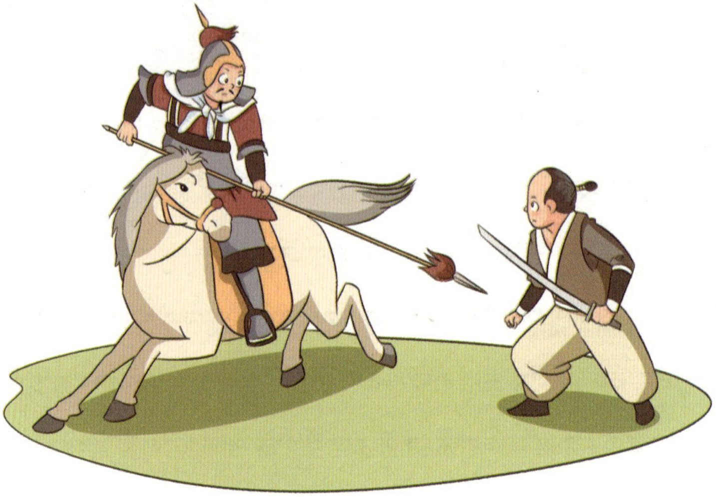

དཔའ་བོ་ཞིག་ཡིན་ཞིང་། ལོ་རྒྱུས་ཐོག་འོད་སྟོང་འབར་བའི་ཤོག་ལྷེ་ཞིག་བཀོད་ཡོད་ལ། ཁོང་གི་རྒྱལ་གཅེས་བསམ་བློ་དང་བྱས་རྗེས་རླབས་ཆེན་དེ་མི་རྣམས་ཀྱིས་ནམ་ཡང་བརྗེད་མི་སྲིད། ཁོང་གིས་བྲིས་པའི《དུས་རབས་ཀྱི་ཕན་འབྲས་ལྡན་པའི་དེབ་གསར》དང་《དམག་སྒྲིང་གི་རྩ་དོན་ལམ་ལུགས》གཉིས་ཀྱིས་ད་དུང་ཡང་མི་རབས་རྗེས་མར་ནུར་བཞིན་ཤུགས་རྐྱེན་ཐེབས་བཞིན་ཡོད།

ལིན་ཙེ་ཞུས་ཀྱིས་ལྷག་སྐོར་ཉལ་ཐ་མེར་སྲེག་པ།

ཞ་མོན་དུ་ཞུགས་རིང་ལིན་ཙེ་ཞུས་ཀྱིས་ཉལ་ཐ་སློག་འདྲེན་གྱི་གནད་དོན་ལ་དོ་སྣང་བྱུང་། ཕྱིས་སུ་ཀྲུང་གོའི་ས་ཆ་གང་སར་ཉལ་ཐས་ཁྱབ་པས། ཁོང་གིས་གོང་མར་ཉལ་ཐ་གཏན་འགོག་བྱེད་པའི་དགོངས་ཚུལ་ཞུས་པ་དང་སྒྲུགས། གོང་མའི་བཀའ་མ་འཁྱེར་གོང་ནས་རང་ཉིད་ཀྱི་འགན་ཁུར་ས་གནས་སུ་ཉལ་ཐ་བཀག་སྡོམ་གྱི་བྱ་འགུལ་སྤེལ་འགོ་བཙུགས།

སྤྱི་ལོ་༡༨༣༥ལོའི་ཟླ་༣པར། ལིན་ཙེ་ཞུས་ཀྱིས་གོང་མའི་ཕོ་ཉའི་བཀའ་དང་ལེན་ཞུས་ནས་ཀོང་ཀྲོའུ་རུ་ཉལ་ཐ་ཞིབ་བཤེར་ཐག་གཅོད་བྱེད་པ་དང་ཉལ་ཐའི་བཀག་སྡོམ་བྱེད་པའི་ལས་

དོན་སྤེལ་དགོས་པའི་བཀའ་བཏང་བ་དང་། ཉལ་ཐ་ཚོང་རྒྱག་མཁན་ལ་གཏན་འབེབས་བྱས་པའི་དུས་ཚོད་ནང་ཉལ་ཐ་ཚང་མ་གོང་འབུལ་ཞུ་དགོས་པའི་བཀའ་བཏང་བ་མ་ཟད། ཁོ་ཚོར་ནམ་ཡང་ཉལ་ཐ་སྐྱེལ་འདྲེན་མི་བྱེད་པའི་ཁས་ལེན་བྱེད་དུ་བཅུག་པ་རེད། དུས་ཚོད་དེའི་ནང་ལིན་ཙེ་ཞུས་ཀྱིས་ལྷོད་གཡེང་མྱན་ཙམ་ཡང་བཏང་བར་ཉལ་ཐ་ཁྱོན་བསྡོམས་རྒྱ་མ་ཁྲི་༢༣༠ལྷག་ཙམ་དང་རིན་ཐང་སྒོར་ཁྲི་༤༠༠ལྷག་ཙམ་ཟིན་པའི་ཉལ་ཐ་ཞིབ་བཤེར་བྱས་ཡོད།

སྤྱི་ལོ་༡༨༣༩ལོའི་ཟླ་༦པར་ལིན་ཙེ་ཞུས་དང་། ཏིང་ཐིང་ཀྲེན། ཀོན་ཐེན་པའི་སོགས་ཞི་དྲག་དཔོན་རིགས་ཀྱི་ལྟ་སྐུལ་འོག་ཏུ་སྟག་སྒོའི་གྲམ་ཐང་གི་རྫིང་བུ་ཆེན་པོ་ཞིག་ནང་ཚྭ་དང་བ་ཚྭ་བླུགས་ཤིང་། དེའི་ནང་ཉལ་ཐ་རྣམས་བླུགས་ཏེ། ཉལ་ཐ་འབོང་རྗེས་དེའི་ཐོག་ཏུ་རྡོ་ཐལ་བླུགས་པ་རེད། དེ་འཕྲལ་རྫིང་བུ་དེ་ལང་ལོང་དུ་ཁོལ་ཏེ་དུ་བ་དཀར་པོ་ལྟོག་ལྟོག་ཏུ་མཁའ་ལ་འཕྱུར། སྐབས་དེར་རྒྱ་མཚོར་བཞུར་བའི་སྦུག་ལམ་ཁ་ཕྱེ་བ་དང་། རྩ་མེད་བཟོས་པའི་ཉལ་ཐ་དེ་རྒྱ་མཚོའི་ཐ་རླབས་ཀྱི་ཁྲོད་དུ་ཡལ་བར་འགྱུར། ལིན་ཙེ་ཞུས་ཀྱི་རླབས་ཆེའི་བྱ་སྤྱོད་དེས་ཀྲུང་གོའི་མི་དམངས་ཀྱི་བློ་སྤོབས་འཕེལ་བར་བྱས་པ་མ་ཟད། ད་དུང་ཕྱི་རྒྱལ་བཙན་འཛུལ་པའི་ཧམ་སེམས་ཆེ་བའི་ཐིག་རལ་ལ་རྟུང་རྡེག་ཚ་ནན་བཏང་ཡོད།

སྟག་སྒོར་ཉལ་ཐ་དུས་ཡུན་ཉིན་༢༣བསྒྲིགས་ཆེས། རྒྱལ་ཁབ་ཕྱི་ནང་ཀུན་ཏུ་སྐད་གྲགས་ཆོད་དེ་ཀྲུང་གོའི་མི་དམངས་ཀྱིས་བཙན་འཛུལ་པར་ངོ་རྒོལ་བྱེད་པའི་འཐབ་རྩོད་ཀྱི་འགོ་བརྩམས་པ་དང་། དེ་ནི་ཀྲུང་གོ་མི་དམངས་ཀྱིས་བཙན་འཛུལ་པར་ངོ་རྒོལ་བྱེད་པའི་འཐབ་རྩོད་ལོ་རྒྱུས་ཐོག་གི་རྒྱལ་ཁ་དང་པོ་ཡིན་ལ། ཀྲུང་ཧྭ་མི་རིགས་ཀྱིས་བཙན་འཛུལ་པར་མགོ་གཏན་ནས་སྒུར་མི་སྲིད་པའི་ཚོད་སེམས་འཛམ་གླིང་ཁྱོན་ཡོངས་ལ་མངོན་པར་བྱས་ཡོད།

ལེའུ་བཞི་པ།

གཟི་བརྗིད་ལྡན་པའི་ལོ་རྒྱར་རྗེས་དྲན་གྱིས།
གསར་བརྗེའི་སྒྲོན་གཤེགས་དཔའ་བོར་
གུས་འདུད་ཞུ།

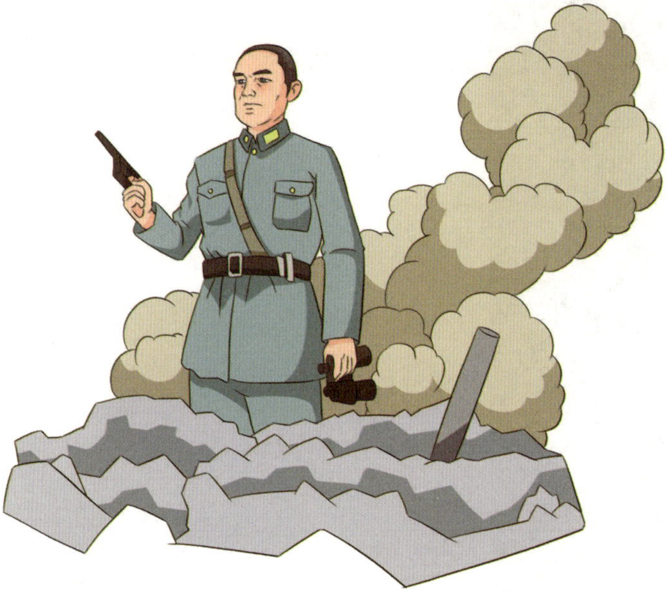

དམག་འཁྲུག་གི་མེ་ལྕེ་འབར་བའི་ལོ་ཟླ་རྒྱང་དུ་བཞུད་ཟིན་མོད། འོན་ཀྱང་རྒྱལ་ཁབ་དང་གསར་བརྗེའི་ཆེད་དུ་རྩ་ཆེའི་ཚེ་སྲོག་ལེགས་སྐྱེས་འབུལ་མཁན་དཔའ་བོ་དེ་དག་ནམ་ཡང་ང་ཚོའི་སེམས་ནང་གནས་སྲིད། ཁོང་རྣམ་པར་སྙིང་སེམས་མེད་ཅིང་ཞུམ་མེད་ཀྱི་ལྷག་བསམ་མེད་ན། ང་ཚོའི་ད་ལྟའི་བདེ་སྐྱིད་ཀྱི་འཚོ་བ་མེད། ཁོང་རྣམ་པའི་སྙིང་སྟོབས་ཀྱིས་དགྲ་འགོག་དམག་འཁྲུག་གི་དར་ཚ་བསྐྱེདས་པ་དང་ཁྲག་རྡོན་གྱིས་ཁམ་བུའི་མེ་ཏོག་འཚོས་པར་བྱས་ནས། ལོ་རྒྱུས་ཀྱི་ཤོག་ངོས་ཐོག་དགའ་སྐྱོ་གཉིས་ལྡན་གྱི་ལེའུ་ཞིག་བརྩམས་ཡོད། ཕྱིར་བཏང་མིན་པའི་ལོ་ཟླའི་ནང་བསྐྱོད་ནས་ང་ཚོས་རྒྱལ་ཁབ་ཀྱི་ཆེད་དུ་རང་སྲོག་བློས་གཏོང་གནང་མཁན་གྱི་གསར་བརྗེའི་དཔའ་བོ་རྣམས་བློ་ལ་བརྟན་པོར་ངེས།

ཐང་ཀྲེ་མིན། དབུལ་ཞིང་ཕོངས་པའི་གསར་བརྗེ་པ།

སྤྱི་ལོ་༡༨༩༩ལོར་ཐང་ཀྲེ་མིན་ཅང་ཞི་དབྱི་དབྱང་རྫོང་དུ་སྐུ་འཁྲུངས་ཤིང་། ༡༩༢༢ལོར་ཀྲུང་གོའི་སྤྱི་ཚོགས་རིང་ལུགས་ཀྱི་གཞོན་ནུའི་ཚོགས་པར་ཞུགས་པ་དང་། ༡༩༢༥ལོའི་ཟླ་ཡར་

ཀྲུང་གོ་གུང་ཁྲན་ཏང་ནང་ཞུགས། སྤྱི་ལོ་༡༩༢༨ལོའི་ཟླ་དང་པོར་ཧྲང་ཀྲེ་མིན་གྱིས་ཧོང་ཏའོ་དང་ཏྲའོ་ཧྲི་ཕིང་བཅས་ཀྱིས་ཞིང་པའི་འོས་ལངས་སྐྱལ་སློང་བྱས་པ་དེར་ལོ་རྒྱུས་ཐོག་དཔྱི་ཧེང་འོས་ལངས་སམ་དཔྱི་ཧེང་གྱེན་ལངས་ཞེས་འབོད་པ་དང་། ཅང་ཞིའི་བྱང་ཤར་སུའུ་ལྷེ་ཨེད་ས་ཁུལ་གསར་འཛུགས་བྱས་པ་རེད། ཧྲང་ཀྲེ་མིན་གྱིས་སྔ་རྗེང་དུ་ཅང་ཞིའི་བྱང་ཤར་ཞིང་ཆེན་དང་ཐྲུ་ཅན། ཀྲེ་ཅང་། ཅང་ཞི་བཅས་ཞིང་ཆེན་གྱི་སུའུ་ལྷེ་ཨེད་སྲིད་གཞུང་གི་ཀྲུའུ་ཞིའི་འགན་ཁུར་ནས་དམར་དམག་ཁྲི་ཤོག་བཅུ་པ་དང་བཅུ་གཅིག་པའི་འགོ་ཁྲིད་དེ་མར་ཁེ་སིའི་རིང་ལུགས་དང་ཅང་ཞིའི་བྱང་ཤར་ས་ཁུལ་གྱི་གནས་ཚུལ་དངོས་དང་ཟུང་འབྲེལ་བྱས་ནས་ཏང་འཛུགས་པ་དང་། དམག་དཔུང་འཛུགས་པ། གསར་བརྗེའི་སྲིད་དབང་འཛུགས་པ་བཅས་ཀྱི་ཉམས་མྱོང་ཆ་ཚང་བ་ཞིག་གསར་གཏོད་བྱས་པར་མའོ་ཙེ་ཏུང་གིས། ཧྲང་ཀྲེ་མིན་གྱི་གནས་གཞིའི་ས་ཁུལ་ཞེས་འབོད་ཀྱི་ཡོད།

ཧྲང་ཀྲེ་མིན་ནི་འགོ་ཁྲིད་ཅིག་ཡིན་མོད། འོན་ཀྱང་ཕྱོགས་གང་ཅིའི་ཐད་ནས་རང་ཉིད་ཚང་མ་དང་འདྲ་བར་དམིགས་བསལ་གྱི་ཐོབ་ཐང་མི་གཉེར་བའི་བླང་བྱ་བརྟན་ཡོད། ཐེངས་ཤིག་ཁོང་གིས་རང་ཉིད་འབྲས་ཐུག་འཐུང་གི་ཡོད་པ་དང་གཞན་པ་རྣམས་རི་སྐྱེས་སྦོ་ཚལ་གྱི་ཐུག་པ་འཐུང་གི་ཡོད་པ་ཤེས་རྗེས་སྐྱ་སྐྱུང་བར། མ་བྱུན་འཛིན་གྲྭར་ཚང་མས་གང་ཟ་ཡི་ཡོད་ཙང་ང་དེ་ཟ་ཡི་ཡིན། དམིགས་བསལ་བྱེད་མི་ཉུང་ཞེས་ཤོད་དུ་བཙུག །ད་དམ་པ་རྣམ་གྲས་ཀྱིས་ཉན་རྗེས། དམིགས་བསལ་གང་བྱེད་ཀྱི་ཡོད་དམ། དམིགས་བསལ་ལ་དང་དོད་བྱས་ནའང་ཆོག །ཀྲུའུ་ཞི་ཧྲང་ལགས་ཉིན་མཚན་མེད་པར་ངལ་དུབ་དང་སེམས་ཁྲལ་གནང་དགོས། སྨྲོ་ནད་ཕོག་པ་ནི་རྒྱུན་མཐོང་ནད་རྟགས་ཤིག་རེད། གལ་སྲིད་སུ་ཞིག་གིས་བྱ་བ་དེའི་ཆེད་དུ་དམངས་གཙོའི་བསམ་འཆར་བཏོན་ཚེ་ངས་འགན་འཁུར་རྒྱུ་ཡིན་ཞེས་བཤད། ཧྲང་ཀྲེ་མིན་གྱིས་ད་དམ་པ་རྣམ་གྲས་དེར་ཐུགས་རྗེ་ཆེ་ཞུས་རྗེས་འབྲས་ཐུག་ཕྱིར་བསྐྱལ་ནས་ཚང་མ་དང་འདྲ་བའི་རི་སྐྱེས་ཚལ་ཐུག་འཐྲེར་ཡོང་བ་རེད།

ཧྲང་ཀྲེ་མིན་གྱིས་ཅང་ཞིའི་བྱང་ཤར་རྒྱུད་དུ་ཀྲུའུ་ཞིའི་འགན་ཁུར་སྐབས། མི་ཁ་ཤས་ཀྱིས

ཁོང་གི་ཨ་མར་ཁོང་གི་ས་ནས་དངུལ་ཏོག་ཙམ་སློང་དགོས་པའི་ཁ་ཏ་བྱས་པ་དང་། བགྲེས་སོང་གིས་ཀྱང་རང་གི་བུའི་དངུལ་ཨ་མས་ཕྲན་ཙམ་ལེན་པ་ནི་ལུགས་མཐུན་ཡིན་པར་སྙམ་སྟེ། རྷང་ཀྲེ་མེན་བཙལ་ཏེ་དངུལ་དགོས་ཚུལ་སྨྲས་པ་རེད། རྷང་ཀྲེ་མེན་གྱིས་རང་ཉིད་སློབ་ཆུང་ནས་སློབ་ཆེན་འགྲིམ་པའི་སློབ་ཡོན་ཚང་མ་ཕ་མས་དཀའ་བ་དྲུ་མ་སྤྱད་དེ་གཡར་བ་ཞིག་ཡིན་པ་དང་། ད་ཆ་ཁྲིམ་དུ་ད་དུང་མི་གཞན་གྱི་བུན་དངུལ་སྤྲོད་མ་ཐུབ་པར་ལུས་པ་ཤེས་ཀྱི་ཡོད། མུ་གེའི་སྐབས་ལ་ཟླ་ལྷག་བྱུང་བ་ནི་རྷང་ཀྲེ་མེན་གསར་བརྗེར་ཞུགས་པའི་རྗེས་སུ་ཁོང་གི་ཁྲིམ་གཞིས་དགྲ་བོས་བསྲེགས་གཏོར་ཐེངས་བཅུ་གྲངས་བྱས་ཤིང་། ཨ་མ་ཡང་བྲོ་ཐབས་ཡོངས་སུ་ཟད་པས་ཁོང་ལ་དངུལ་སློང་བར་ཡོང་བ་རེད། འདི་དོན་ལ་རྷང་ཀྲེ་མེན་ཐུགས་གཙོང་དགོས་པ་ཞིག་ཡོད་མོད། ད་དུང་ལྷག་བསམ་རྣམ་དག་གི་སྒོ་ནས་ཨ་མར“ང་ནི་ཀྲུའུ་ཞི་ཡིན། འོན་ཀྱང་ངས་བྱས་པ་དེ་དབུལ་པོའི་ཀྲུའུ་ཞི་རེད། དཔོན་པོ་མ་རེད། ཕྱིས་སུ་དངུལ་ཡོང་ངེས་རེད། འོན་ཀྱང་ད་ལྟ་མེད། ཙང་ཞིའི་བྱང་ཤར་རྒྱུད་ཀྱི་སུའུ་ཕེ་ཨེད་བཙུགས་ས་ཐག་ཡིན་ཞིང་། གསར་བརྗེའི་འགོ་བཙུགས་ས་ཐག་ཡིན་པས་ང་ཚོའི་ཉིན་རེའི་ཟས་རིན་ཡང་སྐར་མ་བདུན་ལས་མེད”ཅེས་བཤད། ཨ་མས་རང་གི་བུའི་ཁ་ལ་ཉན་ནས། “ཤེས་སོང་། ཤེས་སོང་། ཐེངས་འདིར་ང་རང་སྟོང་ལོག་བྱུང་མ་སོང་། ངའི་བུས་དབུལ་པོའི་ཀྲུའུ་ཞི་བྱས་པ་ཤེས་སོང་། ང་རང་ཚང་སྡུག་ཀྱང་བློ་བདེ་པོ་བྱུང་”ཞེས་བཤད། འདི་ནི་ཨ་མས་རྷང་ཀྲེ་མེན་ལ་དངུལ་སློང་ཐེངས་དང་པོ་ཡིན་ལ་མཐའ་མ་དེའང་ཡིན།

སྤྱི་ལོ་༡༩༣༤ལོའི་ཟླ་༡༡པའི་ཟླ་སྟོད་དུ། རྷང་ཀྲེ་མེན་དང་སུའུ་ཡུས་རྣམ་གཉིས་ཀྱིས་དམར་དམག་བྱང་ཕྱོགས་སུ་རི་འགོག་བྱེད་པར་ཁྲིད་དེ་དཀའ་སྤྱད་འབད་འཐབ་ཟླ་བ་གཉིས་ལྷག་ཙམ་བྱས་ཀྱང་། དགྲ་དང་རང་ཕྱོགས་ཀྱི་སྟོབས་ཤུགས་དབར་ཧེ་བག་ཆེན་པོ་ཤོར་བའི་རྐྱེན་གྱིས། རང་དམག་ལ་གྱོང་གུན་ཚབས་ཆེན་ཕོག་སྟེ་མི་ཉུང་ཤས་ལས་ལྷག་མེད་པས་རྷང་ཀྲེ་མེན་༡༩༣༥ལོའི་ཟླ་དང་པོའི་ཚེས་༢༥ཉིན་དགྲ་བོས་འཛིན་བཟུང་བྱས་པ་དང་། ནན་ཁྲང་གོ་མེན་དང་ཁོངས་ཅང་ཞི་ཞིང་ཆེན་སྲིད་འཛིན་ལས་ཁུངས་ཀྱི་བཙོན་སྒྲུང་ཁང་དུ་བཙོན་འཇུག་བྱས་

པ་རེད། འཛིན་བཟུང་བྱས་པའི་ཉིན་དེར་གོ་མིན་ཏང་གི་དམག་མི་གཉིས་ཀྱིས་ཁོང་འགོ་ཁྲིད་ཡིན་པ་ཤེས་པས། ལུས་སྟེང་དུ་རིན་ཐང་ལྡན་པའི་དངོས་པོ་ཞིག་ཡོད་ངེས་རེད་སྙམ། ཡིན་ནའང་དམག་མི་འདི་གཉིས་ཀྱིས་ཧྥང་ཀྲི་མིན་གྱི་ལུས་ཡོངས་སྟོག་བཤེར་བྱས་ཀྱང་ཆུ་ཚོད་གཅིག་དང་ལྷུགས་སྐུག་གཅིག་རང་ལས་མ་རྙེད། ཧྥང་ཀྲི་མིན་གྱིས་བརྩོན་ཁང་ནང་དུ《དབུལ་པོ་དབུལ་རྒྱུད》ཞེས་པའི་རྩོམ་ཡིག་ཅིག་བརྩམས་པ་དེའི་ནང་ངས་གསར་བརྗེའི་འཐབ་རྩོད་ལོ་བཅུ་ལྷག་ཙམ་བྱས་ཡོད་ཅེས་ཚིག་ཁ་ཤས་བཤད་ཡོད། ཡུན་རིང་གི་འབད་བརྩོན་ཁྲིད་ངས་དུས་རྒྱུན་དུ་ཕྱིར་བཏང་གི་འཚོ་བར་རོལ་བཞིན་ཡོད་ལ། རྒྱས་སྤྲོས་བྱེད་མ་མྱོང་། དབུལ་པོ་དབུལ་རྒྱུད་དང་བབ་ཆགས་པའི་འཚོ་བ་ནི་རང་རེའི་གསར་བརྗེ་པས་དཀའ་ངལ་མང་པོ་ལས་རྣམ་པར་རྒྱལ་ཐུབ་པའི་ཆ་ཞིག་རེད་ཅེས་བཤད། བརྩོན་ཁང་དུ་གོ་མིན་ཏང་གི་ཉེས་རྫུང་དྲག་པོའི་འོག་ཧྥང་ཀྲི་མིན་གྱིས་དཔའ་མི་ཞུམ་པ་དང་། རང་སྲོག་བློས་གཏོང་བར་ངང་པ་པད་མཚོར་འཇུག་པ་ལྟར་བྱས་ཏེ་རང་ཉིད་ཀྱིས"མ་ཤི་བར་འབད་བརྩོན་བྱེད"ཅེས་པའི་དམ་བཅའ་ལག་ལེན་བསྟར་བ་དང་། སྐུ་གཤེགས་དུས་དགུང་ལོ་༣༨ལས་སོན་མེད།

དབུལ་ཕོངས་ནི་ཧྥང་ཀྲི་མིན་གྱི་སྐུ་ཚེ་རྫིལ་པོའི་པར་བརྙན་ཞིག་རེད། ཁོང་གི་སྐུ་ཚེ་ཐུང་ཡང་རླབས་ཆེན་གྱི་བྱ་གཞག་ཐོག་ནས་གུང་གོ་གུང་ཁྲན་ཏང་མིའི་སྔོན་ཐོན་རང་བཞིན་དང་ཆབ་སྲིད་རང་བཞིན་གང་ལེགས་མངོན་ཡོད། ཁོང་གི་མཛད་རྗེས་ལས་ང་ཚོས་དབུལ་ཕོངས་དང་དུ་ལེན་པ་དང་། རྒྱལ་ཁབ་ལ་དགའ་ཞེན་དང་ལེགས་སྐྱེས་ཕུལ་བ་སོགས་རྩ་ཆེའི་སྙིང་སྟོབས་ཚོར་ཐུབ། འདི་ལྟ་བུའི་སྙིང་སྟོབས་ནི་ང་ཚོ་ཚང་མས་སློབ་སྦྱོང་དང་དར་སྤེལ་གཏོང་དགོས་པ་ཞིག་རེད།

དབྱང་ཅིན་ཡུས་ཀྱིས་ཤི་ཡང་མགོ་མི་འདོགས་པའི་དམ་བཅའ་བཞག

སྤྱི་ལོ་༡༩༢༨ལོར་དབྱང་ཅིན་ཡུས་ཁའི་ཧྲེང་དང་ལུའོ་དབྱང་སོགས་སུ་གསང་བའི་གསར་བརྗེའི་ཕྲུག་ལས་གནང་བར་ཐེབས་པ་དང་། ༡༩༢༩ལོར་རྒྱ་ནུབ་དམིགས་བསལ་གྱི་ཧྥུའུ་ཤི་ནུའུ་ཅིའི་ཐུགས་འགན་ཁུར། ༡༩༣༡ལོར་དགུ་པའི་བཅོ་བརྒྱད་ཀྱི་དུས་འགྱུར་བྱུང་རྗེས་དར་པིན་གྲོང་ཁྱེར་གྱི་ཏའོ་ཞའི་ཆུས་ཨུ་ཡོན་ལྷན་ཁང་གི་ནུའུ་ཅི་དང་། གྲོང་ཁྱེར་ཨུ་ཡོན་ལྷན་ཁང་གི་ནུའུ་ཅི། མན་ཀྲོའུ་ཞིང་ཆེན་ཨུ་ཡོན་ལྷན་ཁང་གི་ནུའུ་ཅིའི་ལས་ཚབ་བཅས་ཀྱི་འགན་ཁུར་གནང་བ་རེད། ༡༩༣༢ལོར་དབྱང་ཅིན་ཡུས་མན་ཧྲུ་ལྷོ་མར་མངགས་ནས་ཀྲུང་གོའི་བཟོ་ཞིང་དམར་དམག་དམག་ཤོག་སོ་གཉིས་པའི་མན་ཧྲུ་ལྷོ་མའི་ངེས་མེད་རྒོལ་རྒྱུད་རུ་ཁག་བཙུགས་པ་དང་། ༡༩༣༣ལོའི་ཟླ་༩པར་བྱང་ཤར་མི་དམངས་གསར་བརྗེའི་དམག་གི་དམག་ཤོག་དང་པོའི་རང་ཚུགས་ཁྲི་ཤོག་དང་པོའི་རྩི་དཔོན་དང་ཆབ་སྲིད་ཇུ་ཡོན་གཅིག་ལྷོགས་ཀྱི་འགན་བཞེས། ༡༩༣༦ལོའི་ཟླ་༧པར་དབྱང་ཅིན་ཡུས་ཀྱིས་བྱང་ཤར་རི་འགོག་མཉམ་འབྲེལ་དམག་གི་སྤྱི་ཁྱབ་དམག་སྤྱི་དང་ཆབ་སྲིད་ཇུ་ཡོན་གཅིག་ལྷོགས་ཀྱི་འགན་བཞེས། དབྱང་ཅིན་ཡུས་ཀྱིས

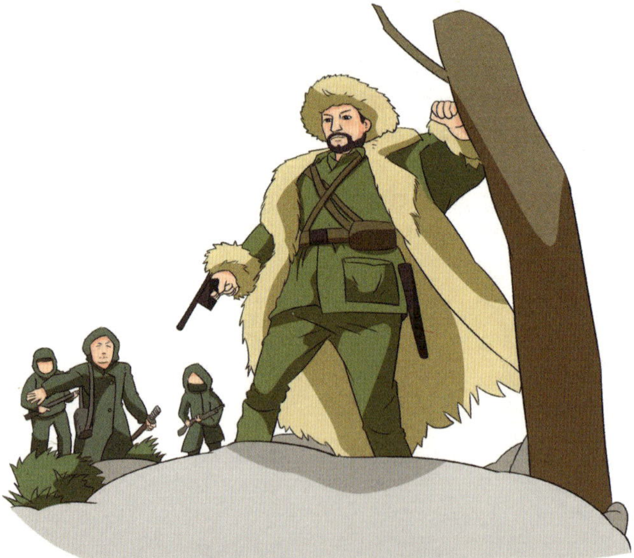

དུས་ཡུན་རིང་པོར་མན་ཇུ་ལྷོ་མའི་ས་གཞི་ཆེན་པོར་དམག་འཐབ་བྱས་ནས་གསར་བརྗེར་ཞུགས་རིང་བཙོན་ཁང་དུ་ཐེངས་ལྔ་བཙུག་པ་དང་ཁྲིམས་གཅོད་དྲག་པོའི་མདུན་ལ་ཐོག་མཐའ་བར་གསུམ་དུ་བློ་བརྟན་འགྱུར་མེད་དང་གནས། དེའི་ནང་ནས་སྐད་གྲགས་ཆེ་ཤོས་ཀྱི་དམག་འཐབ་ཅིག་ཅི་ལིན་དུ་བྱུང་བ་དང་། དབྱིང་ཅིན་ཡུས་ཀྱིས་བྱང་ཤར་མཉམ་འབྲེལ་དམག་གི་སྡེ་ཁྲིད་དེ་རི་ཇག་དང་གྲང་ངར་ཆེ་བའི་ས་ཁུལ་དུ་ཉིན་མཚན་ལྔ་འཐབ་འཛིང་བྱས། སྐབས་དེར་འཛིན་བཟུང་བྱས་པའི་མི་ཁ་ཤས་ཀྱིས་དགྲ་བོའི་ཉེས་རྡུང་དྲག་པོ་བཟོད་མ་ཐུབ་པར་ངོ་ལོག་ནས་བྱང་ཤར་རི་འགོག་མཉམ་འབྲེལ་དམག་བཙོངས་པ་དང་། དགྲ་བོ་ཁྲིད་ནས་རི་འགོག་མཉམ་འབྲེལ་དམག་གི་མཐའ་བསྐོར་བ་རེད། གནས་བབ་དེ་འདྲའི་འོག་དབྱིང་ཅིན་ཡུས་ཀྱིས་རང་ཉིད་ཀྱིས་ཡན་ལག་རུ་ཁག་ཆུང་ཆུང་ཞིག་གི་སྡེ་ཁྲིད་དེ་དགྲ་བོ་གཡེང་དུ་བཙུག་རྒྱུའི་ཐུགས་ཐག་བཅད། ཚང་མས་གཅིག་རྗེས་གཉིས་མཐུད་ཀྱིས་རྩོལ་གཏམ་བཏང་རྗེས་དབྱིང་ཅིན་ཡུས་ཀྱིས་སེམས་ཐག་གཅང་བཅད་ཀྱིས། ང་ནི་སྤྱི་ཁྱབ་དམག་སྤྱི་ཡིན་པས་ངའི་བཀའ་ལ་ཉན་དགོས་ཞེས་བཤད་པ་རེད། ཁོང་གིས་ཚང་མར“དགྲ་བོའི་དམིགས་ཡུལ་གཙོ་བོ་ནི་ང་ཡིན་པས་ངའི་འགུག་ཤུགས་ཆེ་ཤོས་ཡིན”ཞེས་འགྲེལ་བཤད་བརྒྱབ་པ་རེད། དེ་རྗེས་ཁོང་གིས་འཐབ་འཛིང་པ་ཚོའི་སྡེ་ཁྲིད་དེ་དགྲ་བོའི་ཚུར་རྩོལ་ཐེངས་གསུམ་ཕྱིར་ཟློག་བྱས་ནས་གཙོ་ཤུགས་དམག་དཔུང་བདེ་འཇགས་ངང་གནས་སྤོ་བྱ་རྒྱུར་རྩ་ཆེའི་དུས་ཚོད་བརྩོན་ལེན་བྱས་པ་རེད། སྐབས་དེར་འཐབ་འཛིང་པ་ལྔ་བཅུ་དྲུག་ཅུ་ཙམ་ལས་ལྷག་མེད་པ་དང་ལ་ལར་ད་དུང་རྨས་སྐྱོན་ཚབས་ཆེན་ཐོག་ཡོད། ལམ་རྒྱགས་ཕྲན་བུ་ཙམ་ཡང་མེད་ལ་ཉེ་འགྲམ་གྱི་མང་ཚོགས་དང་ཡང་འབྲེལ་བ་བྱེད་མི་ཐུབ། ཁོང་གིས་རྨས་མ་བདེ་འཇགས་ས་ཁུལ་དུ་སྤོ་དགོས་པའི་བཀའ་ཕབ། དེ་ནས་ཆེས་མཇུག་མཐའི་དམག་འཐབ་ལ་གྲ་སྒྲིག་བྱས། ཉིན་མཚན་གསུམ་གྱི་དམག་འཐབ་བྱས་པ་བརྒྱུད་རི་འགོག་མཉམ་འབྲེལ་དམག་གི་བཟའ་འབྲུ་ཡོངས་སུ་རྫོགས་ཏེ་བགྲེས་སྐོམ་གྱིས་མནར་ནས་གྲོད་པ་ལོང་ལ་འབྱར་བ་དང་དབྱིང་ཅིན་ཡུས་ཀྱིས་འཐབ་འཛིང་པ་རྣམས་བཀོད་སྒྲིག་ཡག་པོ་བྱས་རྗེས་ཁོང་ཚོར་བཟའ་རྒྱུ་འཚོལ་བར་འགྲོ་རྩིས་

བྱས་པ་རེད། ཁོང་གིས་གོམ་པ་རེ་རེ་བཞིན་དཀའ་ཚེགས་ཆེན་པོས་བསྐྱོད་དེ་ལྟོགས་ཚ་སྲིང་བལ་གྱི་གྱོན་ཆས་ནང་གི་སྲིང་བལ་གཞགས་ནས་ཟ་བ་དང་། སྔོན་ཤུན་རྙེད་ཚེ་སྔོན་ཤུན་ཟ་བ། སྐོམ་ཚེ་ས་ཐོག་ནས་ཁ་བ་ཞུལ་ཏེ་བཟས།

སྐབས་དེར་ཁེར་རྐྱང་དུ་ལུས་པའི་དབྱང་ཅིན་ཡུས་དགྲ་དམག་གིས་མཐོང་བ་དང་། དགྲ་དམག་གིས་དབྱང་ཅིན་ཡུས་ཀྱི་མཐའ་ནས་བསྐོར་ཏེ་མེ་མདའ་བཟུང་ནས། མགྱོགས་པོ་མགོ་བཏགས་ཤོག ཁྱོད་ཐར་ས་མེད་ཅེས་བཤད་པ་རེད། དབྱང་ཅིན་ཡུས་ཀྱིས་མེ་མདའ་གཉིས་བཏོན་ནས་ཉེ་འཁོར་གྱི་དགྲ་དམག་གི་གཡས་གཡོན་གང་སར་བརྒྱབ་པས། དགྲ་བོ་ཁ་ཤས་ས་ལ་འགྱེལ། སྐབས་དེར་དབྱང་ཅིན་ཡུས་ཀྱི་ལག་གཡོན་མར་རྨས་སྐྱོན་ཕོག་པ་དང་ཁོང་གིས་སྲིང་བལ་གྱི་གྱོན་ཆས་ཐོག་ནས་རས་གཞགས་ཏེ་མགྱོགས་མྱུར་རྨ་རས་དཀྲིས། དགྲ་བོ་འཚང་ཁ་ཤིག་ཤིག་དང་ཁོང་གི་ཕྱོགས་སུ་རྒྱུག་ཡོང་། དབྱང་ཅིན་ཡུས་ཀྱིས་མུ་མཐུད་དགྲ་དམག་ལ་བསྟུད་མར་མེ་མདའ་བརྒྱབ་པས་སླར་ཡང་དམག་མི་ཁ་ཤས་འགྱེལ་བ་རེད། མཇུག་མཐར། དབྱང་ཅིན་ཡུས་ཀྱི་མེ་མདའི་ནང་དུ་མདེའུ་གཅིག་མ་གཏོགས་ལྷག་མེད།

ཁོང་གིས་མདེའུ་འདི་རང་ཉིད་ལ་བཞག །ལུས་ལ་རྨས་སྐྱོན་ཚབས་ཆེན་ཕོག་པའི་དབྱང་ཅིན་ཡུས་ཀྱིས་དཀའ་ལས་ཆེན་པོས་ལག་ནང་གི་མེ་མདའ་ཡར་བཀུགས་ནས་རང་གི་མགོ་བོར་གཏད་པ་དང་མཐའ་འཁོར་གྱི་དགྲ་བོར་སྡང་མིག་ཅིག་འཕེན་ནས་མེ་མདའི་སྐམ་པ་མནན་ཏེ་གངས་འབྱུགས་ཁྲིད་འགྱེལ་བ་རེད། སྤྱི་ལོ་༡༩༤༠ལོར་དགུང་ལོ་༣༥ལས་ཕེབས་མེད་པའི་དབྱང་ཅིན་ཡུས་དཔའ་ཉམས་ལྡན་པའི་ངང་རང་སྲོག་བློས་བཏང་བ་རེད། གདུག་རྩུབ་ཆེ་བའི་རི་ཧྥག་གིས་ཁོང་གི་སྐུ་ཕུང་གཤགས་པས་ཕོ་བའི་ནང་འབྲུ་རིགས་ཙུང་ཙམ་ཡང་མེད་པར་ཚང་མ་སྔོན་ཤུན་དང་སྲིང་བལ་ཡིན་པ་ཤེས། ཁོང་ལ་དྲན་གསོ་ཞུ་ཆེད་༡༩༤༦ལོར་བྱང་ཤར་དམངས་གཙོའི་མཉམ་འབྲེལ་དམག་གི་ཐུང་ཧྭ་ཡན་ལག་ཏུ་ཁག་གི་མིང་དེ་དབྱང་ཅིན་ཡུས་ཡན་ལག་ཏུ་ཁག་ཅེས་པར་བསྒྱུར་པ་དང་། མེང་ཅང་རྫོང་གི་མིང་དེ་ཅིན་ཡུས་རྫོང་ཞེས་པར་བསྒྱུར་པ་རེད། ཕྱུགས་བསམ་དང་དད་སེམས་བརྟན་པོ་ནི་དབྱང་ཅིན་ཡུས་ཀྱི་སྙིང་

སྟོབས་ཀྱི་རྨང་གཞི་ཡིན་པ་དང་། ཁོང་གིས་མི་རིགས་རང་བཙན་དང་གུང་ཁྲན་རིང་ལུགས་ཀྱི་ཕྱུགས་བསམ་ཆེད་རང་སྲོག་བློས་གཏོང་རྒྱུར་འདེགས་སྐྱོར་བྱས་ཡོད།

དབྱང་ཅིན་ཡུས་ཀྱི་མི་ཚེ་ནི་ཐུང་ཐུང་ཞིག་ཡིན་མོད། འོན་ཀྱང་ཏང་ལ་བློ་དཀར་གཞུང་དྲང་གི་དད་སེམས་ཡོད། དབྱང་ཅིན་ཡུས་ཀྱིས། ལྷག་བསམ་རྣམ་དག་གི་གུང་ཁྲན་ཏང་ཡོན་ཞིག་དང་མི་རིགས་གསར་བརྗེའི་འཐབ་འཛིང་པ་ཞིག་གིས་རླབས་ཆེན་གྱི་གུང་ཁྲན་རིང་ལུགས་ཀྱི་ཕྱུགས་བསམ་དང་མི་རིགས་བཅིངས་འགྲོལ་གྱི་བྱ་གཞག་གི་ཆེད་དུ་མགོ་བོ་ཕངས་སེམས་མེད་པར་དོར། ཁྲག་དམར་འདོན་ཐུབ་ཅིང་ལྷག་བསམ་རྣམ་དག་གི་བློ་རྩེ་འགྱུར་མི་སྲིད་པ་དང་མཐར་ཐུག་གི་རྒྱལ་ཁ་ཐོབ་པའི་ཡིད་ཆེས་བརྟན་པོ་ཡོད་ཅེས་གསུངས་སྒྲོང་། དེ་ནི་དབྱང་ཅིན་ཡུས་ཀྱི་དད་མོས་ཡིན་ཞིང་། ཁྲག་དྲོན་ལ་བརྟེན་ནས་རང་ཉིད་གཅིག་པུ་ལས་ལྷག་མེད་པའི་དབང་དུ་བཏང་ནའང་དགྲ་བོར་མགོ་བཏགས་གཏན་ནས་ཞུས་མེད།

ཆེའུ་ཧྲའོ་ཡུན། སྲིག་ཁྲིམས་ནི་ཚེ་སྲོག་ལས་གལ་ཆེ།

ཆེའུ་ཧྲའོ་ཡུན་ནི་སྤྱི་ལོ་༡༩༢༦ལོར་ཁྲུང་ཆིན་གྲོང་ཁྱེར་ཐུང་ལེའང་རྫོང་ཧྲའོ་ཡུན་གྲོང་རྡལ་ཡུས་ཕིན་གྲོང་ཚོའི་ཁྱིམ་ཚང་དབུལ་པོ་ཞིག་ཏུ་སྐུ་འཁྲུངས་ཤིང་། ཁོང་དགུང་ལོ་༩ལ་སོན་སྐབས་ཕ་འདས་པ་དང་དགུང་ལོ་༡༡ལ་སོན་སྐབས་མ་ཚེ་ལས་འདས་པས་གཅེན་གཅུང་དང་མཉམ་དུ་སྣ་པའི་འཚོ་བ་སྐྱེལ་འགོ་ཚུགས་ཏེ་གཉའ་གནོན་དང་བཤུ་གཞོག་ཚད་མེད་མྱངས་པ་རེད། འཚོ་གནས་ཐུབ་ཆེད་ཐ་ན་ཁྲིམ་ལ་སོང་ནས་ཟ་མ་སློང་བ་དང་བརྙས་བཅོས་དང་མིག་ལོག་གི་ཁྲོད་དུའང་རེ་ཞིག་སྡོད་དགོས་བྱུང་། རྗེས་སུ་ཡང་མགོ་སྐོར་ཐེབས་ནས་གོ་མིན་ཏང་གི་དམག་མི་བྱེད་དུ་བཙུག་པ་རེད། དཀའ་སྡུག་གི་བྱིས་དུས་ཀྱི་འཚོ་བས་ཁོང་གི་སེམས་ཁམས་ལ་ཤོག་དུག་ཆེན་པོ་བཟོས། སྤྱི་ལོ་༡༩༤༩ལོར་སི་ཁྲིན་བཅིངས་འགྲོལ་བཏང་རྗེས་ཆེའུ་ཧྲའོ་ཡུན་ཀྱང་གོ་མི་དམངས་བཅིངས་འགྲོལ་དམག་ནང་ཞུགས་པ་དང་། སྤྱི་ལོ་༡༩༥༠ལོར་སི་ཁྲིན་ནེ་ཅང་གི"ཇག་འདུལ"བྱ་སྤྱོད་ནང་ཞུགས་ནས་དཔའ་ངར་ཆེན་པོས་འཐབ་འཛིང་བྱས་

ཏེ་འཐབ་གྲོགས་དང་མཉམ་དུ་ཇག་དཔོན་འཇུ་བཟུང་བྱས་པ་རེད།

སྤྱི་ལོ་༡༩༥༡ལོར་མའོ་ཀྲུའུ་ཞིའི“ཨ་འགོག་ཁྲའོ་རོགས་དང་ཁྲིམ་སྲུང་རྒྱལ་སྐྱོབ”ཀྱི་ལྷབས་ཆེའི་འབོད་སྐུལ་དང་ལེན་ཞུ་ཆེད་ཆིའུ་ཧྲའོ་ཡུན་གྱིས་རང་མོས་དང་ཀྲུང་གོ་མི་དམངས་དང་བླངས་དམག་ནང་ཞུགས་རྒྱུའི་མིང་ཐོ་བཀོད་པ་རེད། ཁོང་ཁྲའོ་ཞན་དུ་ཕེབས་རྗེས་ཁྲའོ་ཞན་གྱི་ཡ་ང་བའི་ཁོར་ཡུག་མཐོང་སྐབས་རང་ཉིད་ཀྱི་བྱིས་དུས་ཀྱི་དཀའ་ཚེགས་ཆེ་བའི་འཚོ་བ་དྲན་ནས་བཙན་རྒྱལ་རིང་ལུགས་ལ་འཁོན་འཛིན་དེ་བས་ཆེ་བ་སྐྱེས།

སྤྱི་ལོ་༡༩༥༢ལོར་ཆིའུ་ཧྲའོ་ཡུན་གནས་སའི་བརྒྱ་ཞོག་ལ་དཀའ་ཚེགས་ཧ་ཅང་ཆེ་བའི་ལས་འགན་ཞིག་འགྲོར་བ་དེ་ནི་ཕིན་ཁང་དང་ཅིན་ཧྭ་བར་གྱི་དགྲ་བོ་རྩ་མེད་དུ་གཏོང་རྒྱུ་དེ་རེད། ཕིན་ནའང་རང་དམག་དང་དགྲ་བོའི་༥༡མཐོ་སའི་དབར་སྨིད་སྟོང་གསུམ་ལྷག་གི་བདེ་སྟོམས་རྩ་ཐང་ཡོད། དེས་མ་ཟད་འདི་ནི་དགྲ་བོའི་མེ་སྒྱོགས་བཀག་སྡོམ་ཁུལ་ཡིན། འདི་འདྲའི་ཁོད་ཡངས་པའི་ཐང་སྟེར་ཐོག་ཕར་རྒོལ་བྱེད་པ་ནི་ཧ་ཅང་དཀའ་མོ་ཞིག་རེད། ཕར་རྒོལ་གྱི་བར་ཐག་ཐུང་དུ་བཏང་ནས་དགྲ་བོར་སློ་བུར་དུ་འཇབ་རྒོལ་ཞིག་བྱེད་ཆེད་རང་དམག་གིས་ཕྱོགས་ཀུན་ནས་ཕར་རྒོལ་མ་བྱས་གོང་གི་དགོང་མོར་གཡུལ་སའི་མདུན་སར་ཡིབ་རྒྱུའི་ཐག་བཅད་པ་རེད། འཐབ་འཛིང་པ་ཚོ་རྗོག་ཐོན་བྱེད་གྲབས་ཡོད་པའི་སྐབས་སུ་དབུ་ཁྲིད་ཀྱིས“དེ་རིས་ཀྱི་ལས་འགན་ནི་ཧ་ཅང་གལ་འགངས་ཆེ་ཞིང་དཀའ་ཚེགས་ཆེ་བ་ཞིག་ཡིན་པས་བློ་མཐུན་ཚོས་སྒྲིག་ཁྲིམས་ནན་དུ་གཏོང་བ་དང་། བློ་ཐག་ཐད་བཅད་ཀྱིས་ལས་འགན་ལེགས་འགྲུབ་བྱ་དགོས་པ་ལས་གནས་ཚུལ་གང་འདྲ་ཞིག་ཐོན་ཀྱང་གབ་པ་ཕྱིར་མངོན་མི་རུང”ཞེས་མཛུབ་སྟོན་གནང་ཡོད། སྐབས་དེར་ཆིའུ་ཧྲའོ་ཡུན་དང་འཐབ་འཛིང་པ་ཚོས“ངེས་པར་དུ་ལས་འགན་ལེགས་གྲུབ་ཐུབ་པ་བྱ་རྒྱུ་ཡིན”ཞེས་ལན་བཏབ། འཐབ་འཛིང་པ་བརྒྱ་ཕྲག་ཁ་ཤས་དགྲ་བོའི་མིག་མདུན་དུ་ཡིབ་ཡོད་པ་མ་ཟད། བསྟུད་མར་ཆུ་ཚོད་༢༠ལྷག་ཙམ་རིང་གྲག་འགྱུལ་སྒུ་ཙམ་ཡང་ཡོད་མི་རུང་། གལ་སྲིད་མི་གཅིག་ཕྱིར་མངོན་ན་དམག་དཔུང་ཡོངས་རྫོགས་རྩ་མེད་དུ་འགྱུར་སྲིད།

མཚན་གུང་དུ། འཐབ་འཛིང་པ་བརྒྱ་ཕྲག་ཁ་ཤས་ཀྱིས་ལུས་ཡོངས་རྩ་ངན་གྱིས་བཏུམས་ཏེ་དེ་སྔའི་འཆར་གཞི་ལྟར་གོ་རིམ་ལྡན་པའི་ངང་མགྱོགས་མྱུར་ཁ་གྲམ་ནས། མཐོ་ས་༣༠༧གི་ཉེ་འགྲམ་གྱི་རྩྭ་གསེབ་ཏུ་ཡིབ་ནས་ལུས་ལ་བཀབ་པའི་རྩྭ་དང་རྩྭ་ཐང་གཞི་གཅིག་ཏུ་འདྲེས་ཏེ་རྒྱུན་གཏན་དང་མི་འདྲ་བ་ཕྲན་བུ་ཡང་མཐོང་རྒྱུ་མེད་པར་བྱས། འོན་ཀྱང་འཇབ་སྐུག་བྱེད་རིང་བསམ་ཡུལ་ལས་འདས་པ་ཞིག་ལ་དགྲ་བོ་བཅུ་ཤོག་གཅིག་ས་མཁར་ནས་ཐོན་ཏེ་ཆིའུ་རྟའོ་ཡུན་དང་འཐབ་གྲོགས་ཚོའི་ཕྱོགས་སུ་ཡོང་བ་དང་དགྲ་བོ་ཐག་ཇེ་ཉེ་ནས་ཇེ་ཉེར་ཕྱིན་ཏེ་འཐབ་གྲོགས་གཉིས་དགྲ་བོས་མཐོང་། དེ་ལྟར་དགྲ་བོ་དངངས་འཚབ་ལངས་ནས་རྩྭ་གསེབ་ལ་གང་བྱུང་དུ་མེ་མདའ་འཕངས་རྗེས་རི་རྩེར་བྲོས་བྱོལ་དུ་སོང་བ་རེད། གལ་ཏེ་ཁོ་ཚོ་གསོན་པོར་ཕྱིར་ལོག་ཏུ་བཅུག་ན་རང་དམག་གི་འཆར་གཞི་ཕྱིར་མངོན་ངེས་ཡིན་པས། བཀོད་འདོམས་པས་འཕྲལ་དུ་མེ་སྒྲོགས་ལ་བརྟེན་ནས་དགྲ་བོ་དེ་དག་རྩ་མེད་བཟོ་རྒྱུའི་བཀའ་ཕབ་པ་རེད། དེ་མ་ཐག་མེ་སྒྲོགས་བསྣུད་མར་བརྒྱབ་ནས་དགྲ་བོའི་འགྲོ་ལམ་བཅད་དེ་དགྲ་བོ་བཅུ་ཤོག་གཅིག་ཚང་མ་ཚར་གཅོད་བཏང་།

རི་སྟེང་གི་དགྲ་བོས་མེ་སྒྲོགས་ཀྱི་སྒྲ་དེ་ཐོས་རྗེས་སྐྲག་ནས་ནང་དུ་ཡིབས་ཏེ་སྐད་ཆ་ཤོད་མི་ཕོད་པར་གྱུར། ཆུ་ཚོད་བྱེད་ཀ་ཙམ་སོང་རྗེས་ཐར་སྟེར་གྱི་དགུང་དུ་དགྲ་བོའི་གནམ་གྲུ་ཁ་ཤས་ཡོང་སྟེ་མཁའ་ཐོག་ནས་འབར་མདེལ་གཡུགས་པ་ཏག་ཏག་ཆིའུ་རྟའོ་ཡུན་ཡིབ་སའི་ཉེ་འགྲམ་དུ་བབས་པས། རྩྭ་ལ་མེ་འབར་ནས་ཆིའུ་རྟའོ་ཡུན་གྱི་འགྲམ་དུ་མཆེད་དེ་ཁོང་གི་ལུས་ཐོག་གི་རྩྭ་ཁེབས་མེས་ཚིག་པ་རེད། སྐབས་དེར་ཁོང་གིས་འགྲེ་ལྡོག་ཅིག་བརྒྱབ་ན་མེ་གསོད་ཐུབ་མོད། འོན་ཀྱང་དེ་ལྟར་བྱས་ན་དགྲ་བོས་ཚོར་ངེས་རེད། དམག་འཐབ་དེར་རྒྱལ་ཁ་ཐོབ་ཆེད་ཆིའུ་རྟའོ་ཡུན་ནི་རྗེ་ཆེན་རྒྱ་མ་སྟོང་ཕྲག་དང་འདྲ་བར་འགུལ་ཙམ་ཡང་མི་བྱེད་ལ་སྒྲ་ཙང་ཙམ་ཡང་མ་གྲགས་པར་སྡུག་རྡུས་ཀྱི་ངང་ནས་ལག་པ་གཉིས་སའི་ནང་བཙུག །དེ་ནས་ཁོང་གི་མགོ་བོ་དལ་བུར་མར་སྨུར། མེ་ལྕགས་ཀྱིས་ཁོང་རྩྭ་ཐང་ཐོག་ནས་རིམ་བཞིན་མི་སྣང་བར་གྱུར། ལོ་དེར་ཆིའུ་རྟའོ་ཡུན་ལོ་༢༨ལ་སོན་ཙམ་རེད།

ལེའུ་ལྔ་པ།

དུས་རབས་ཀྱི་མིག་དཔེར་སློབ་སྦྱོང་བྱས་ནས་རྒྱལ་གཅེས་རིང་ལུགས་ཀྱི་ཉམས་སད་དང་ལེན་བྱེད།

མི་ཞིག་དང་། རྩ་འཛུགས་ཤིག །མཉམ་སྡེབ་ཅིག །མི་རིགས་ཤིག་བཅས་ཀྱི་དད་མོས་བྱེད་ས་ནི་རང་ཉིད་ཀྱི་བསམ་བློ་དང་རྐང་ལག་འཆིང་བྱེད་ཀྱི་ལྕགས་སྒྲོག་ཡིན་མི་རུང་ལ། དེ་བས་ཀྱང་རང་ཉིད་གསོད་བྱེད་ཀྱི་གྲི་རྣོན་པོ་ཞིག་ཡིན་མི་རུང་བར། རླུང་བུ་དང་འོད་ཟེར་ཞིག་དང་འདྲ་བར་ཁྱོད་ལ་ཡར་རྒྱས་བརྩོན་ལེན་དང་འབད་འཐབ་བྱེད་པར་སྐུལ་བ་དང་། ཁྱོད་རང་འོད་སྟོང་འབར་བའི་ལམ་ཆེན་དུ་བསྐྱོད་པར་ཁྲིད་སྟོན་བྱེད་པའི་དད་སེམས་ཤིག་ཡིན་དགོས། དུས་རབས་ཀྱི་མིག་དཔེའི་སྙིང་སྟོབས་ལ་སློབ་སྦྱོང་བྱས་ནས་རྒྱལ་གཅེས་རིང་ལུགས་དེ་རང་ཉིད་ཀྱི་གཟུགས་པོའི་ནང་གི་ཁྲག་དམར་གྱི་གཞི་རྒྱུ་ཞིག་ཏུ་འགྱུར་བ་བྱེད་དགོས།

ཏེང་ཅ་ཤན། “འབར་མདེལ་གཉིས”ཀྱི་བྱེད་པོ།

སྤྱི་ལོ་༡༩༤༨ལོར་ཏེང་ཅ་ཤན་གྱིས་ཨ་རིར་ཞིབ་འཇུག་སློབ་མའི་ཡིག་རྒྱུགས་བཏང་ནས་ཨ་རིའི་ཕུའུ་ཏུའུ་སློབ་ཆེན་གྱི་དངོས་ཁམས་ཚན་ཁག་ལ་སློབ་སྦྱོང་ལོ་གཅིག་ལྷག་ཙམ་བྱས་རྗེས་འབུམ་རམས་པའི་སློབ་གནས་ཐོབ་པ་རེད། སྤྱི་ལོ་༡༩༥༠ལོའི་ཟླ་༨པར་ཨ་རིའི་མཚོག་ཏུ་གྱུར་པའི་འཚོ་བའི་ཆ་རྐྱེན་དང་ལས་ཀའི་ཁོར་ཡུག་བློས་བཏང་སྟེ། མེས་རྒྱལ་གྱི་དྲིན་

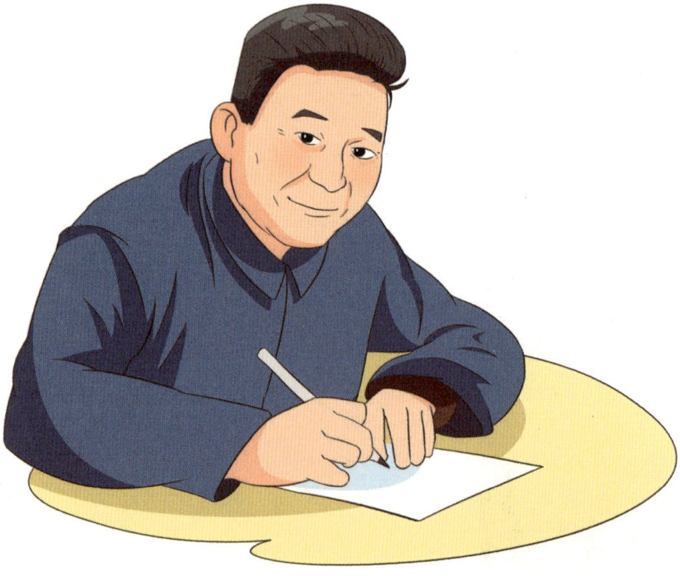

ལན་འཇལ་བའི་ལྷག་བསམ་ཞིག་བཅངས་ནས་རིགས་གཅིག་མཁས་ཅན་༢༠༠ལྷག་ཙམ་དང་མཉམ་དུ་རྒྱལ་ནང་དུ་ཕྱིར་ལོག་བྱས། པེ་ཅིང་དུ་འབྱོར་མ་ཐག་ཁོང་གིས་དགེ་རྒན་ཆེན་མོ་བ་ཕང་ཀན་ཁྲང་དང་དགེ་རྒན་ཆེན་མོ་བ་ཕེང་ཧོན་ཡུའུ་མཉམ་དུ་ཀྲུང་གོའི་ཉེ་རབས་དངོས་ཁམས་ཞིབ་འཇུག་སོའོ་བསྐྲུན་རྒྱུའི་སྐོར་གྲོས་བསྡུར་བྱས་ནས་ཀྲུང་གོའི་རྩལ་སྦྲན་སྙིང་པོའི་དངོས་ཁམས་རིགས་པའི་གཞུང་ལུགས་ཞིབ་འཇུག་ལས་དོན་གྱི་ལེའུ་གསར་པ་ཞིག་བརྩམས་ཡོད། སྤྱི་ལོ་༡༩༥༨ལོར་ཏིང་ཙ་ཤན་ཀྲུང་གོ་གུང་ཁྲན་ཏང་ནང་ཞུགས།

ཀྲུང་དབྱང་གིས་རང་ཉིད་ཀྱི་སྟོབས་ཤུགས་ཁོ་ནར་བརྟེན་ནས་རྩལ་སྦྲན་འབར་མདེལ་འཕེལ་རྒྱས་གཏོང་རྒྱུ་ཡིན་པ་ཤེས་རྗེས། རང་ཉིད་ཀྲུང་རྩལ་སྦྲན་འབར་མདེལ་གྱི་རྟུས་འགོད་ལས་དོན་ནང་ཞུགས་རྒྱུ་གཏན་འཁེལ་སྐབས་ཏིང་ཙ་ཤན་སེམས་འགུལ་ཚད་མེད་ཐེབས་ནས་དགའ་ཚོར་ཆེན་པོ་གནང་། རྒྱལ་ཁབ་ལ་རང་ཉིད་ཀྱི་ནུས་ཤུགས་འདོན་ཐུབ་པ་དང་གཟི་བརྗིད་ཆེ་ལ་ཟླ་ན་མེད་པའི་ལས་འགན་ནང་ཞུགས་ཐུབ་པས་ཁོང་ཧ་ཅང་དགའ་པོ་བྱུང་ཞེས་བཤད། དེ་དང་དུས་མཚུངས་འདི་ནི་དཀའ་ཚེགས་ཧ་ཅང་ཆེ་བའི་ལས་འགན་ཞིག་ཡིན་པས་འགན་འཁྲི་ཧ་ཅང་ལྗིད་པོ་རེད། དུས་དེ་ནས་བཟུང་ཏིང་ཙ་ཤན་གྱིས་སེམས་ནུས་ཡོད་ཚད་བཏོན་ནས་རྩལ་སྦྲན་འབར་མདེལ་ཞིབ་བཟོའི་བྱ་གཞག་ནང་ཞུགས་པ་དང་། ཁོང་གིས་མྱུར་ཚད་མགྱོགས་ཤོས་ཀྱི་ཐོག་ནས་རང་རྒྱལ་གྱི་རྩལ་སྦྲན་འབར་མདེལ་བྱ་གཞག་འཕེལ་རྒྱས་གཏོང་དགོས་ཞེས་གསུངས་པ་རེད། ཁོང་གིས་སློབ་གྲྭ་ཐོན་མ་ཐག་པའི་སློབ་ཆེན་སློབ་མ་ཁག་གཅིག་ཁྲིད་དེ་འཛུགས་སྐྲུན་ཚོད་ལྟ་བྱ་ཡུལ་དུ་ཉིན་མཚན་མེད་པར་དཀའ་བ་སྤྱད་མཐར། གཞི་ནས་ཞིབ་འཇུག་གི་ལམ་བུ་རྙེད་དེ། རྩལ་སྦྲན་འབར་མདེལ་གྱི་ཞིབ་འཇུག་བྱ་གཞག་སྤེལ་འགོ་ཚུགས་པ་རེད།

སྤྱི་ལོ་༡༩༨༥ལོའི་ཟླ་༡༠པའི་ཚེས་༡༨ཉིན་རང་རྒྱལ་གྱི་རྩལ་སྦྲན་འབར་མདེལ་འབར་གས་ལེགས་གྲུབ་བྱུང་ཞིང་། སྤྱི་ལོ་༡༩༨༧ལོར་རང་རྒྱལ་གྱི་ཆེང་མདེལ་དང་པོའི་འབར་གས་ཚོད་ལྟ་ལེགས་གྲུབ་བྱུང་། ཏིང་ཙ་ཤན་དང་ཀྲོའུ་ཀོང་ཧྲོའོ་ཡིས་མཉམ་དུ་བྲིས་པའི《རང་རྒྱལ་གྱི་རྩལ་

ཕྲན་འབར་མདེལ་ཐོག་མའི་རིགས་པའི་གཞུང་ལུགས་ཞིབ་འཇུག་ཕྱོགས་སྟོམ་》ཞེས་པ་དེ་ནི་གསར་གཏོད་རང་བཞིན་ལྡན་པའི་ཉིང་རྡུལ་མཚོན་ཚའི་རིགས་པའི་གཞུང་ལུགས་རྡུས་འགོད་རྨང་གཞིའི་བརྩམས་ཆོས་ཤིག་ཡིན་ལ། དེའི་ནང་ཚན་རིག་མཁས་ཅན་བརྒྱ་ཕྲག་གི་ཞིབ་འཇུག་གྲུབ་འབྲས་ཀྱང་ཡོད་པས་གསུང་རྩོམ་དེས་སྣད་ཕྱིན་གྱི་ཉིང་རྡུལ་མཚོན་ཚའི་རིགས་པའི་གཞུང་ལུགས་ཀྱི་ཞིབ་འཇུག་ལ་མཛུབ་ཁྲིད་ཀྱི་ནུས་པ་ཐོན་ཡོད་ལ། ཚན་རིག་ཞིབ་འཇུག་མི་སྣ་གསོ་སྐྱོང་བྱེད་པའི་སློབ་དེབ་ཅིག་ཀྱང་ཆགས་ཡོད། ཀྲང་ཙ་ཤན་གྱིས་མཐོ་རྡོད་མཐོ་གནོན་རྣམ་པའི་མཉམ་བྱའི་ཞིབ་འཇུག་ཐད་ལའང་བྱས་རྗེས་ཤུལ་དུ་བྱུང་བ་བཞག་ཡོད། དེ་ཕྱིད་ཁོང་གྱིས་ད་དུང་སློག་གི་སྒྲུལ་ཤུགས་རིག་པ་དང་། གྱེས་རྡུལ་གཟུགས་ཀྱི་དངོས་ལུགས་ལ་སོགས་པའི་ཐད་ཀྱི་ཁྲིད་དེབ་བྲིས་ཡོད། ཕྱིས་སུ་ཡོན་ཀྲང་གི་འགན་ཁུར་ཡང་ཁོང་གིས་ལས་ཀའི་ཞོར་ལ《ཚད་རྡུལ་ར་བའི་རྣམ་བཤད》（量子场论）དང་《སྡེ་སྒྲ་བ》（群论）གཉིས་ལྷགས་རྩོམ་གནང་རྒྱུ་རྒྱུན་འཁྱོངས་གནང་ཡོད།

ཀྲུང་གོའི་ཤེས་ཡོན་ཅན་གྱི་ཕུལ་བྱུང་འཕྲུས་མི་ཡིན་པའི་ཀྲང་ཙ་ཤན་གྱིས་མེས་རྒྱལ་སྔར་བས་སྤོབས་ཆེར་གཏོང་བ་དང་སེམས་ནུས་ཡོད་རྒུས་མེས་རྒྱལ་གྱི་རྒྱལ་སྲུང་བྱ་གཞག་ནང་ཞུགས་ཆེད། སྐད་གྲགས་མེད་པར་ལོ་བཅུ་གྲངས་འབད་འཐབ་བྱས་ཏེ་མིང་གྲགས་མེད་པའི་དཔའ་བོ་ཞིག་བྱ་རྒྱུ་བྱུང་བར་བློ་ཡིད་ཚིམས་ནས་བསྟད། ཞིབ་འཇུག་བྱེད་རིང་ཁོང་གིས་རྟག་ཏུ་རང་ཉིད་ཀྱི་བདེ་སྡུག་ལ་མ་བསམས་པར་ཉིན་ཁ་ཆེ་ཤོས་ཀྱི་ས་ཆར་གཟུགས་པོར་འགྱེད་འཁྲོ་ཐེབས་ཀྱང་སྔར་བཞིན་ལས་གནས་བརྟན་སྲུང་བྱས་ནས་མེས་རྒྱལ་གྱི་བྱ་གཞག་ཆེད་སྒེར་སེམས་མེད་པར་ལེགས་སྐྱེས་ཕུལ་བའི་སྙིང་སྟོབས་གང་ལེགས་མཚོན་པར་བྱས་ཡོད།

ཀྲང་ཙ་ཤན་གྱིས་ཧ་ཅང་དཀའ་ཚོགས་ཆེ་བའི་ཁོར་ཡུག་འོག་སྔར་བཞིན་དཀའ་སྤྱད་འབད་བརྩོན་བྱས་ཏེ་རྒྱལ་ཁབ་ཀྱི་དོན་དུ་བྱས་རྗེས་བཞག་ཐུབ་པ་དེ་ནི་ང་ཚོ་ཚང་མས་སློབ་སྦྱོང་བྱེད་འོས་པའི་མིག་དཔེ་བཟང་པོ་ཞིག་ཡིན། གཞན་ཡང་དཀའ་སྡུག་ལ་མི་སྐྲག་པ་དང་། སློབ་སྦྱོང་ནན་ཏན་བྱ་རྒྱུ་ནི་སློབ་མར་ལྡན་དགོས་ངེས་ཀྱི་ཆེས་གཞི་རྩའི་ཆ་རྐྱེན་ཡིན་ལ། རྒྱལ་

ཁབ་དང་སྤྱི་ཚོགས་ལ་རང་ཉིད་ཀྱི་ནུས་ཤུགས་སྐྱེས་སུ་འབུལ་རྒྱུ་ནི་གཞོན་ནུ་ལོ་ཆུང་ཚོའི་དོར་ཐབས་མེད་པའི་འགན་འཁྲི་ཞིག་ཅིག་དེའང་ཡིན།

ལེ་ཧྥུང་། བློ་གཅིག་སེམས་གཅིག་གིས་མི་དམངས་ལ་ཞབས་འདེགས་ཞུ་མཁན་གྱི་འཐབ་འཛིང་པ་བཟང་པོ།

ལེ་ཧྥུང་ནི་ཀྲུང་གོ་གུང་ཁྲན་ཏང་གི་ཏང་ཡོན་ཞིག་ཡིན་པ་དང་ལས་གནས་དཀྱུས་མའི་ཐོག་སྤྱིར་བཏང་མིན་པའི་བྱ་བ་སྒྲུབ་མཁན་ཞིག་ཡིན། ཁོང་གིས་ཡུན་ཐུང་གི་ཚེ་སྲོག་སྤྱད་དེ་རྗེས་རབས་པར་རྩ་ཆེའི་རྒྱུ་ནོར་ཞིག་བཞག་ཡོད་པ་དེ་ནི། ལེ་ཧྥུང་གི་སྙིང་སྟོབས་རེད། ལེ་ཧྥུང་གི་སྙིང་སྟོབས་ཀྱི་ངོ་བོ་ནི་སྒེར་སེམས་མེད་པར་ལེགས་སྐྱེས་འབུལ་བ་དང་། བློ་གཅིག་སེམས་གཅིག་གིས་མི་དམངས་ལ་ཞབས་འདེགས་ཞུ་བ། ཀྲུང་གོ་གུང་ཁྲན་ཏང་ལ་བློ་དཀར་བ། བློ་གཅིག་སེམས་གཅིག་གིས་གུང་ཁྲན་རིང་ལུགས་ཀྱི་བྱ་གཞག་ཆེད་མི་ཚེ་རྫོགས་པོ་ལེགས་སྐྱེས་འབུལ་བ་བཅས་ཀྱི་སྙིང་སྟོབས་ཡིན།

སྤྱི་ལོ་༡༩༦༣ལོའི་ཟླ་༣པའི་ཚེས་༥ཉིན་མའོ་ཙེ་ཏུང་གིས་ལེ་ཧྥུང་ལ་ཕྱག་བྲིས་ཕྱག་བསྟར་མ་ཞིག་གནང་བ་དང་སྒྲུགས་བློ་མཐུན་ལེ་ཧྥུང་ལ་སློབ་སྦྱོང་བྱེད་དགོས་པའི་འབོད་སྐུལ་ཡང་གནང་བ་རེད། དེ་རྗེས་ལོ་ལྟར་ཟླ་༣པའི་ཚེས་༥ཉིན་དེ་ལེ་ཧྥུང་ལ་སློབ་སྦྱོང་བྱེད་པའི་དྲན་གསོའི་ཉིན་མོར་གྱུར་པ་དང་རྒྱལ་ཡོངས་གོང་འོག་ཚང་མས་ལེ་ཧྥུང་གི་སྙིང་སྟོབས་ལ་སློབ་སྦྱོང་བྱེད་ཀྱི་ཡོད། དེ་ནས་བཟུང་ལེ་ཧྥུང་གི་མིང་དེ་ཁྱིམ་ཚང་ཀུན་གྱིས་ཤེས་པ་དང་རྒྱལ་ཡོངས་མི་དམངས་ཀྱིས་སློབ་སྦྱོང་བྱེད་པའི་མིག་དཔེར་གྱུར་ཡོད།

ལུའི་ཧྥུང་གི་སྙིང་སྟོབས་ནི་མི་ཞིག་གི་སྙིང་སྟོབས་ཙམ་མིན་པར་བསམ་པའི་དཔལ་ཡོན་གྱི་མཚོན་བྱེད་ཅིག་ཏུ་གྱུར་ཡོད།

སྤྱི་ལོ་༡༩༥༨ལོར་ལེ་ཧྥུང་ཀྲུང་གོའི་ལོ་ཆུང་གཏོང་ལེན་ཏུ་ཁག་ནང་ཞུགས་པ་དང་། སྤྱི་ལོ་༡༩༦༠ལོར་ཀྲུང་གོ་མི་དམངས་བཅིངས་འགྲོལ་དམག་ནང་ཞུགས། ལོ་དེའི་ཟླ་༡༡པར་ཀྲུང་གོ་གུང་ཁྲན་ཏང་ནང་དངོས་སུ་ཞུགས་པ་རེད། སློབ་མཐུན་ལེ་ཧྥུང་གིས་མའོ་ཀྲུའུ་ཞི་དང་ཀྲུང་གོ

གུང་ཁྲན་ཏང་གི་བཀའ་དྲིན་ནམ་ཡང་མ་བརྗེད་པར་རང་ཉིད་ཀྱི་ནུས་ཤུགས་ལེགས་སྐྱེས་སུ་འབུལ་རྒྱུའི་གྲ་སྒྲིག་བྱེད་ཀྱི་ཡོད།

ལེ་ཧྥུང་གིས་ང་གསོན་པའི་དམིགས་ཡུལ་གཅིག་ལས་མེད། དེ་ནི་མིའི་རིགས་ཀྱི་ཆེས་ནྲབས་ཆེ་བའི་ཕྱུགས་བསམ་མངོན་འགྱུར་བྱ་རྒྱུ་སྟེ། གུང་ཁྲན་རིང་ལུགས་མངོན་འགྱུར་བྱ་ཆེད་འབད་འཐབ་བྱེད་རྒྱུ་དེ་ཡིན་ཞེས་གསུངས།

དོན་དངོས་ཐོག་ཁོང་གི་ཡུན་ཐུང་གི་མི་ཚེའི་ནང་འདི་ལྟར་དངོས་སུ་ལག་བསྟར་བྱས་ཡོད་པ་མ་ཟད། ད་ཅང་ཡག་པོ་སྒྲུབ་ཐུབ་པ་བྱུང་ཡོད། ད་དུང་ཏང་ནང་མ་ཞུགས་གོང་། ལེ་ཧྥུང་གིས་རང་ཉིད་ཀྱི་ཉམས་མྱོང་རང་བཟོད་དཔྱད་གཞིར་ལེགས་སྒྲིག་བྱས་ཤིང་། ཉིན་གཉིས་ནང་ཡིག་འབྲུ་ཁྲི་ལ་ཉེ་བ་བསྡུ་རུབ་ཐུབ། ཕྱིས་སུ་ཁོང་གིས་ཡིག་ཆ་དེ《བཅིངས་འགྲོལ་བཏང་རྗེས་ང་ལ་ཁྱིམ་ཡོད་ཅིང་ངའི་ཨ་མ་ནི་ཏང་ཡིན》ཞེས་པར་མིང་བསྒྱུར་བ་རེད། འཚར་ལོངས་ཀྱི་བརྒྱུད་རིམ་ཁྲིད། ལེ་ཧྥུང་གིས་རྒྱུན་ཆད་མེད་པར་རང་ཉིད་ལ་སྦྱོང་བརྡར་དང་བསྒྱུར་བཀོད་བྱས་ཏེ། ཏང་གི་དོན་དུ་ནུས་ཤུགས་འདོན་ཐུབ་པ་བྱས་ཡོད།

སློབ་སྦྱོང་ཐད་ཁོང་ལ་ལྷུགས་གཟེར་ལྟ་བུའི་སྙིང་སྟོབས་ཤིག་ཡོད། ཉིན་ལྟར་ནྲངས་འཁོར་བཏང་ནས་ཡར་རྒྱུག་མར་རྒྱུག་བྱེད་དགོས་པས་བློ་བདེའི་ངང་དཔེ་དེབ་ལྟ་བའི་དུས་ཚོད་ཏ་ཅང་ཉུང་ཉུང་རེད། ཁོང་གིས་ཉིན་ལྟར་དཔེ་ཁྲུག་ལག་ཏུ་ཐོགས་ནས་ཁོམ་པ་བྱུང་མ་ཐག་དཔེ་དེབ་ལྟ་ཡི་ཡོད།

ཁོང་གིས་ཉིན་ཐོའི་ནང་འདི་ལྟར་བྲིས་ཡོད་དེ། “མི་མང་པོ་ཞིག་ལས་བྲེལ་ཆེ་བས་སློབ་སྦྱོང་བྱེད་པའི་དུས་ཚོད་མེད། ངས་བལྟས་ན་སློབ་སྦྱོང་ནི་བྲེལ་བ་ཆེ་མིན་ལ་རག་ལུས་མེད་པར། སློབ་སྦྱོང་བྱེད་འདོད་ཡོད་མེད་ལ་རག་ལུས་ཡོད། གནད་འགག་ནི་ང་ཚོ་དུས་ཚོད་དམ་འཛིན་བྱེད་མཁས་པོ་ཡོད་མེད་དང་། ཞིབ་འཇུག་བྱེད་འདོད་ཡོད་མེད་ལ་ཐུག་ཡོད། པང་ལེབ་ཅིག་དང་འདྲ་བར། དང་ཐོག་དེ་ལ་ཨ་ཁུང་མེད་ཀྱང་། གཟེར་འཛུགས་ཐུབ་པའི་རྒྱུ་མཚན་ཅི་ཡིན་ནམ་ཞེ་ན། གནོན་ཤུགས་ལ་བརྟེན་ནས་བཙུགས་ཐུབ་པ་རེད། གཟེར་ལ་དགེ་མཚན་

གཉིས་ཡོད་པ་སྟེ། གཅིག་ནི་བཙོར་ཤུགས་དང་ཅིག་ཤོས་ནི་བརྩོལ་ཤུགས་ཡིན" དེར་བརྟེན་སློབ་སྦྱོང་གི་ཐད་ང་ཚོ་ཚང་མར"གཟེར"ལྟ་བུའི་སྙིང་སྟོབས་ཤིག་ཡོད་དགོས།

ལེ་ཧྥུང་གིས་ཕུགས་བསམ་དང་དོན་དངོས་ཟུང་འབྲེལ་དང་། ཁ་བཤད་ལག་བསྟར། ཁ་ཞེ་གཉིས་མེད་བཅས་བྱེད་བཞིན་ཡོད། ཆབ་སྲིད་ཐོག་རང་ཉིད་ལ་བླང་བྱ་ནན་པོ་བཏོན་ནས་སློབ་སྦྱོང་དང་ཡར་ཐོན་རྒྱུན་ཆད་མེད་པར་བྱས་པ་དང་། དཀའ་ཚེགས་ཆེ་བའི་ཁོར་ཡུག་ནང་རང་ལུས་ལ་སྦྱོང་བརྡར་དང་རང་ཉིད་ཡར་རྒྱས་ཡོང་བ་བྱས་ཏེ་གུང་ཁྲན་རིང་ལུགས་ཀྱི་གོ་རྟོགས་མཐོན་པོ་དང་ཀུན་སྤྱོད་བཟང་པོ་ལྡན་པའི་འཐབ་འཛིང་པ་ཞིག་ཏུ་རིམ་བཞིན་འཚར་ལོངས་ཐུབ་པ་བྱས་ཡོད།

དུས་རབས་གསར་པའི་གཞོན་ནུ་ལོ་ཆུང་གི་རྒྱལ་གཅེས་རིང་ལུགས་ཀྱི་སློབ་གསོའི་ལག་དེབ་དེ་ཉིད་ལྟ་ཀློག་བྱས་པ་བརྒྱུད་འཚོ་བའི་ཁྲིད་ང་ཚོས་ལེ་ཧྥུང་གི་གཞན་ཕན་རྟོགས་རམ་ལ་དགའ་བ་དང་དཀའ་སྤྱད་བབ་ཆགས་ཀྱི་སྙིང་སྟོབས་ལ་སློབ་སྦྱོང་བྱས་ཏེ་དུས་དང་རྣམ་པ་ཀུན་ཏུ་རྒྱལ་ཁབ་ལ་རང་ཉིད་ཀྱི་ནུས་པ་ཕྲན་བུ་བཏོན་ནས་ལེ་ཧྥུང་གི་སྙིང་སྟོབས་དར་སྤེལ་ཤུགས་ཆེན་གཏོང་ཐུབ་པ་བྱེད་དགོས།

ཀྲང་ཁྲའོ། མཚོ་ཐོག་ཏུ་ཞུགས་འདུན་མངོན་འགྱུར་དང་དམག་དཔུང་སྟོབས་ཆེར་གཏོང་བའི་གདོང་ལེན་པ།

ཀྲང་ཁྲའོ་ནི་རང་རྒྱལ་གྱི་མཚོ་དམག་གནམ་ཐང་གྲུ་གཟིངས་མཁའ་སྐྱོད་དམག་གི་དཔུང་སྡེ་ཞིག་གི་ལས་སྣེའི་ཁྲིད་ཀྱི་ཏ་དཔོན་དང་རིམ་པ་དང་པོའི་འཕུར་སྐྱོད་པ་ཞིག་རེད། སྤྱི་ལོ་༢༠༡༨ལོའི་ཟླ་༤པའི་ཚེས་༢༧ཉིན་ཀྲང་ཁྲའོ་ཡིས་གནམ་ཐང་གྲུ་གཟིངས་ཀྱི་དམག་འཐབ་གནམ་གྲུ་བཏང་ནས་སྐམ་སའི་ཐོག་གི་དམག་གྲུ་དང་འབྲེལ་མཐུད་བྱེད་སྐབས་གློག་འདོན་འཕྲུལ་ཆས་ལ་སྐྱོན་ཤོར་ཏེ་འཆི་གསོན་ལ་ཐུག་པའི་བར་ཆད་འཕྲད་པ་རེད། ཁོང་གིས་ཐབས་ཤེས་ཡོད་རྒུ་རྩལ་སྤྲུག་གིས་དམག་འཐབ་གནམ་གྲུར་གཏོར་སྐྱོན་ཕོག་ཚད་ཇེ་ཆུང་དུ་གཏོང་ཆེད་གདུགས་མཆོང་མི་བྱེད་ཀ་མེད་བྱུང་བ་དང་། གདུགས་མཆོང་བྱེད་པའི་གོ་སྐབས་ཡག་

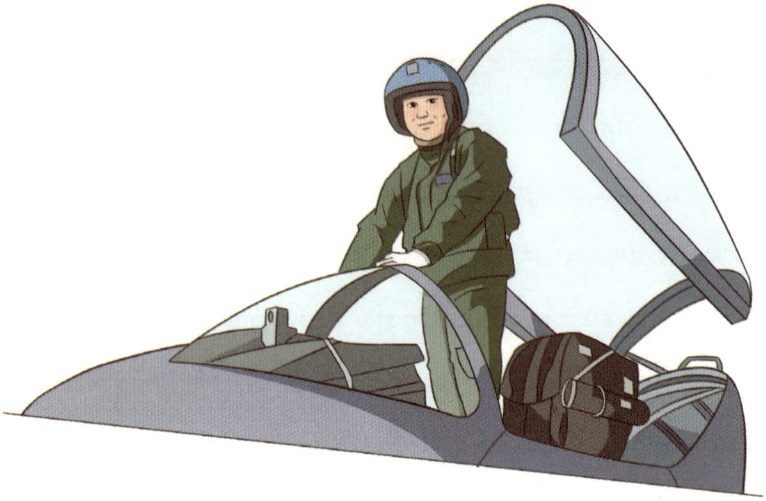

ཤོས་དེ་ཤོར་ནས་ཤུགས་ཀྱིས་སར་བརྡབས་ཏེ་མྱུར་སྐྱོབ་བྱེད་ཐབས་མེད་པར་རང་སྲོག་ཤོར་བ་རེད། དེ་གོང་ཀྲང་ཁྲའོ་ནི“མཁའ་མཚོའི་སྲུང་དམག”ཕང་ལྕུའི་སྐུ་འཚོ་བཞུགས་སྐབས་ཀྱི་དཔུང་སྡེའི་གནམ་གྲུ་གཏོང་མཁན་མི་རབས་གསུམ་པ་ཡིན་པ་དང་། མདའ་ཤོག་ཡོངས་ཀྱི“རྩེར་སོན”ཏུ་མིའི་ཁྲོད་ནས་ལོ་ན་ཆུང་ཤོས་ཡིན་ཞིང་། དེ་སྔ་དགྲ་བོའི་གནམ་གྲུ་ཐེངས་བཅུ་གྲངས་མདའ་ཁོངས་ནས་མཐར་སྐྱོད་བཏང་བ་དང་མཁའ་འགྲུལ་གྲུ་གཟིངས་ཀྱི་བྱ་གཞག་ལ་རང་སྲོག་བློས་གཏོང་མཁན་གྱི“མཁའ་དམག་འཐབ་འཛིང་པ”ཞིག་རེད།

སྤྱི་ལོ་༢༠༡༨ལོའི་ཟླ་༤པའི་ཚེས་༢༧ཉིན་ཀྲང་ཁྲའོ་ཡིས་མཚོ་ཐོག་ནས་མཐོ་ཚད་སྨེད་༣༠ཟིན་པའི་གནམ་གྲུ་ཐེངས་གཉིས་བདེ་བླག་ངང་འཕུར་སྐྱོད་ཐུབ་པ་བྱས་པ་དང་། གནམ་གྲུ་ཨང་༡༡༧བཏང་ནས་ཉིན་དེའི་མཐའ་མའི་འཕུར་སྐྱོད་ཀྱི་ལས་འགན་བསྒྲུབས་པ་སྟེ། སྐམ་སའི་རྟེན་གཞིའི་གནམ་གྲུ་མཚོ་འགྲུལ་ཐོག་འབབ་པའི་ལས་འགན་དེ་རེད། ཕྱིར་ས་ལ་བབས་རྗེས། གནམ་གྲུས་སློ་བུར་དུ་ཉེན་བརྡ་བཏང་བ་དང་། གནམ་གྲུར་སྐྱོན་ཤོར་ཡོད། ཡུད་ཙམ་ཞིག་ལ་གནམ་གྲུའི་མགོ་ཐད་ཀར་གནམ་ལ་གཏད་དེ་ཤིན་ཏུ་མགྱོགས་པའི་ངང་ནས་མར་ལྷུང་བའི་གནས་ཚུལ་ཚབས་ཆེན་ལྷགས་པ་རེད། སྐབས་དེར་ཀྲང་ཁྲའོ་ཡིས་སྲོག་ཉེན་ལ་མ་འཛེམས་པར་ཐོག་མར་བསམ་བློ་བཏང་བ་ནི་དམག་འཐབ་གནམ་གྲུར་སྲུང་སྐྱོབ་བྱ་རྒྱུ་དེ་

རེད། དམག་འཐབ་གནམ་གྲུར་སྐྱོན་ཆག་ཚབས་ཆེན་མི་ཡོང་བའི་ཆེད། དུས་ཐུང་སྐར་ཆ་༤.༥ཡི་ནང་ཀྲང་ཁྲའོ་ལ་བྱ་སྤྱོད་གཅིག་ལས་མེད་པ་དེ་ནི་ནུས་ཤུགས་ཡོད་རྒུས་ཁ་ལོ་སྒྱུར་བྱེད་ལ་ཚོད་འཛིན་བྱེད་པ་དེ་རེད། སྐར་ཆ་༤.༥དེའི་ནང་གལ་སྲིད་ཀྲང་ཁྲའོ་ཡིས་གདུགས་མཚོང་བྱ་རྒྱུ་བདམས་ན་རང་སྲོག་སྐྱོབ་ཐུབ་མོད། འོན་ཀྱང་འཆི་གསོན་གྱི་འགག་རྩའི་དུས་འདིར་ཀྲང་ཁྲའོ་ཡིས་རང་ཉིད་ཀྱི་ཚེ་སྲོག་གི་བདེ་འཇགས་ཐད་དེ་སྣང་མེད་དུ་བཏང་ཡོད། དེ་ལྟར་གདུགས་མཚོང་གི་སྐབས་ཡག་ཤོས་ཤོར་བས། ཁོང་སར་བརྟབ་པ་རེད། རྨས་སྐྱོན་ཚབས་ཆེན་ཕོག་པའི་ཁོང་གིས་འཐབ་གྲོགས་ཚོར་བཞག་པའི་མཐའ་མའི་སྐད་ཆ་ནི། ང་འཆི་སྲིད་དམ། ད་ནས་བཟུང་འཕུར་མི་ཐུབ་བམ་ཞེས་པ་ལས་མ་རངས་པའི་སྐད་ཆ་ཚིག་གཅིག་ཀྱང་བཤད་རྒྱུ་མེད་ལ་སེམས་ནང་སྔར་བཞིན་དྲན་པ་ནི་འཕུར་སྐྱོད་དེ་རང་རེད། འཆར་གཞི་ལྟར་ན། ཀྲང་ཁྲའོ་ད་དུང་ཉིན་གསུམ་གནམ་གྲུ་བཏང་ན་གནམ་གྲུ་འབབ་སའི་གྲུ་གཟིངས་ངོ་མའི་སྟེང་འཕུར་སྐྱོད་བྱེད་ཐུབ་ལ། ཁོང་གི་ཕྱུགས་འདུན་ཡང་མངོན་འགྱུར་བྱེད་ཐུབ། ལོ་ན་གཞོན་པའི་ཁོང་གི་ཚེ་སྲོག་འདི་ནས་མཇུག་རྫོགས་པ་ཚང་མའི་བློ་ཡུལ་ལས་འདས། ཀྲང་ཁྲའོ་ལ་གནས་ཚུལ་ཐོན་སྐབས་ལོ་༢༩ལས་སོན་མེད་པ་དང་རང་རྒྱལ་གྱི་གནམ་ཐང་དམག་འཐབ་གནམ་གྲུའི་འཕུར་སྐྱོད་པའི་ནང་ནས་ལོ་ན་གཞོན་ཤོས་ཀྱི་གྲས་རེད།

སྔོན་ཆད་ཀྲང་ཁྲའོ་ཡིས། མི་དམངས་མཚོ་དམག་གིས་ཐག་རིང་རྒྱ་མཚོ་ཆེན་པོའི་ཕྱོགས་སུ་འཕུར་འདོད་ན། ཆར་རླུང་ལ་མི་སྐྲག་པའི་ཐང་དཀར་རྐོད་པོའི་ཁྱུ་བཞིན་དགོས་པ་དང་། ཚེ་སྲོག་བློས་གཏོང་དགོས་ཀྱང་མཁའ་དབྱིངས་སུ་འཕུར་ཐུབ་པ་དགོས་ཞེས་གསུངས་མྱོང་། ཁོང་གི་དཔའ་ངར་ཞུམ་མེད་དང་དཀའ་སྡུག་ལ་མི་སྐྲག་པ། མེས་རྒྱལ་གྱི་སླད་དུ་རང་ཉིད་ཀྱི་ཡོད་ཚད་སྐྱེས་སུ་འབུལ་བའི་སྙིང་སྟོབས་བཅས་ལ་ང་ཚོ་ཚང་མས་སློབ་སྦྱོང་བྱེད་འོས་པ་ཞིག་རེད། ཁོང་ནི་མཚོ་ཐོག་ཏུ་ཕྱུགས་འདུན་དོན་གཉེར་བྱས་ནས་དམག་དཔུང་སྟོབས་ཆེར་གཏོང་བའི་གདོང་ལེན་པ་ཞིག་རེད།

ལེའུ་དྲུག་པ།

རྒྱལ་གཅེས་ཀྱི་བརྩེ་བ་བཅངས་ནས་སྲོན་ཀྲོན་པ་ཚོའི་གསར་བརྗེའི་རྗེས་ཤུལ་འཚོལ་དགོས།

ཀྲུང་གོ་གུང་ཁྲན་ཏང་དབུ་བརྙེས་པ་ནས་ཀྲུང་ཧྭ་མི་དམངས་སྤྱི་མཐུན་རྒྱལ་ཁབ་དབུ་བརྙེས་པའི་བར་དང་། དམག་འཁྲུག་གི་མེ་ལྕེ་མཆེད་པ་ནས་གསར་བརྗེར་གྲུབ་འབྲས་ཐོབ་པའི་བར་གྱི་མཛད་རྗེས་ནི་སྔོན་ཐོན་པ་ཚོས་ཁྲག་ཐོན་བཏོན་ནས་དགྲ་བོ་དང་ཞུམ་མེད་འཐབ་རྩོད་བྱས་པ་དང་ཁ་འབྲལ་ཐབས་མེད། ཁོང་རྣམ་པས་སྙིང་སྟོབས་ཆེར་སྐྱེད་ཀྱིས་ཀྲུང་གོའི་ལོ་རྒྱུས་ཐོག་ནྲབས་ཆེན་གྱི་མཛད་རྗེས་བཞག་ཡོད། གསར་བརྗེའི་རིག་གནས་ཀྱིས་ཀྲུང་གོ་གུང་ཁྲན་ཏང་གི་ཐེའུ་ནྲབས་དཀྲུང་འཕྱུར་གྱི་གསར་བརྗེའི་ལོ་རྒྱུས་དང་། དཀའ་སྤྱད་འབད་འཐབ་ཀྱི་འཐབ་རྩོད་ལོ་རྒྱུས། དགའ་སྐྱོ་གཉིས་ལྡན་གྱི་དཔའ་བོའི་ལོ་རྒྱུས་བཅས་རྒྱུན་འཛིན་བྱས་ཡོད་པས། ང་ཚོས་དུས་སྐབས་འདི་ཡིད་ལ་བཅངས་ནས་སྔོན་ཐོན་པ་རྣམས་ཀྱི་གསར་བརྗེའི་བརྩེ་སེམས་རྒྱུན་འཛིན་བྱེད་དགོས།

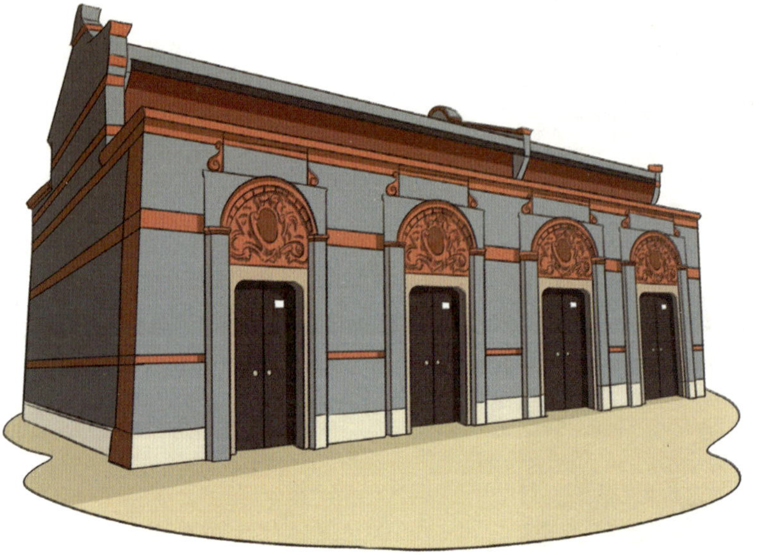

ནན་ཁྲང་འོས་ལངས།

ནན་ཁྲང་འོས་ལངས་ནི་ཀྲོའུ་ཨེ་ལེན་དང་། ཧེ་ལུང་། ཡེ་ཐིན། ཀྲུའུ་ཏེ། ལིའུ་པོ་ཁྲིང་། ཐན་ཕིན་ཧྲན་བཅས་དང་། དམག་ཤོག་ཉེ་སྦྲ་པའི་སྲུའུ་ལེན་གྱི་དམག་དོན་སྣེ་འདོན་པ་ཁྲུའུ་མ་ཉིང་

བཅས་ཀྱིས་དབུ་ཁྲིད་གནང་བ་དང་། འོས་ལངས་དམག་གི་གཙོ་ཤུགས་ནི་ཧེ་ལུང་གིས་དབུ་ཁྲིད་གནང་བའི་དམག་ཤོག་ཉི་ཤུ་པ་དང་ཡེ་ཐིན་གྱིས་དབུ་ཁྲིད་གནང་བའི་"ཡེ་ཐིན་རང་ཚུགས་མདའ་ཤོག"ཀྲང་འཛིན་སྟོབས་ཤུགས་སུ་བྱས་ནས་བཙོས་སྒྲིག་བྱས་པའི་དམག་ཤོག་བཅུ་གཅིག་པའི་རྩི་ཤོག་ཉེར་བཞི་པ་དང་ཉེར་ལྔ་པ་ཡིན། ཚའི་ཐིན་ཁའེ་ཡིས་དབུ་ཁྲིད་གནང་བའི་ཁྲི་ཤོག་བཅུ་པ་དང་། ལུའུ་ཧྲེ་མིང་གིས་དབུ་ཁྲིད་གནང་བའི་གོ་མིན་སྲིད་གཞུང་གི་ཉེན་སྲུང་མདའ་ཤོག །ཁྲིན་དབྱི་ཡིས་དབུ་ཁྲིད་གནང་བའི་ཀྲུང་དབྱང་དམག་སྲིད་སློབ་གྲྭའི་ལྷུའུ་ཧན་ཡན་ལག་སློབ་གྲྭ། ཀྲུའུ་ཧྲེ་ཡིས་དབུ་ཁྲིད་གནང་བའི་དམག་ཤོག་གསུམ་པའི་དམག་དཔོན་སློབ་གསོའི་མདའ་ཤོག་དང་། ནན་ཁྲང་སྤྱི་བདེ་ཅུས་ཀྱི་བདེ་སྲུང་ཅུ་ཁག་བཅས་ཁྱོན་མི་གྲངས་ཁྲི་གཉིས་ལྷག་ཡོད།

ཟླ་༤པའི་ཚེས་༡ཉིན་གྱི་ཞོགས་པར། འོས་ལངས་དམག་གིས་ནན་ཁྲང་གི་གོ་མིན་ཏང་སྲིད་དབང་ལ་ཕར་རྒོལ་བྱེད་འགོ་བརྩམས། དམག་འཐབ་ཆུ་ཚོད་༩ཙམ་བྱས་མཐར། གྲོང་ཁྱེར་ཡོངས་དབང་དུ་སྡུད། ཉིན་དེའི་སྔ་དྲོར་ཞིབ་འཇུག་བྱས་པ་བརྒྱུད་འོས་ལངས་དམག་ལ་བཙོས་སྒྲིག་བྱས། ཧེ་ལུང་གིས་སྤྱི་ཁྱབ་བཀོད་འདོམས་པའི་འགན་གཅིག་ཚོགས་སུ་ཁུར། རྗེས་སུ་དགྲ་དམག་གིས་དམག་ཤུགས་ཆེན་པོས་ནན་ཁྲང་ལ་ཚུར་རྒོལ་བྱས་པས། འོས་ལངས་དམག་གོང་ཏུང་ལ་དཔུང་འཇུག་བྱེད་དགོས་བྱུང་།

ནན་ཁྲང་འོས་ལངས་ཉིད་སྐབས་དེའི་དམག་དོན་གྱི་དམིགས་ཡུལ་ལ་བལྟས་ན་ཕམ་ཉེས་ཤོར་བ་ཡིན་རུང་། དགྲ་ཕྱོགས་དང་རང་ཕྱོགས་ཀྱི་དམག་དོན་སྟོབས་ཤུགས་ལ་ཧ་བག་ཆེ་ཐལ་ཤོར་བ་དང་། རང་ངོས་ཀྱི་སློབ་སྟོན་ཐོག་ཉམས་མྱོང་མི་འདང་བ། ཏུའུ་ནན་དང་། ཏུའུ་པེ། ཅང་ཞི་བཅས་ས་ཁུལ་གྱི་ཞིང་པའི་ལས་འགུལ་དང་ཟུང་འབྲེལ་མ་བྱས་པར། གྲོགས་མེད་ཁེར་རྐྱང་གི་དམག་དཔུང་ལྔ་ཕྲུགས་གོང་ཏུང་དུ་བསྐྱོད་དེ་ཕྱི་ཕྱོགས་ཀྱི་རོགས་སྐྱོར་བརྟེན་ལེན་བྱ་རྒྱུ་དང་བྱང་འདུལ་བྱ་རྒྱུའི་རེ་བ་བཅངས་ཐོག །དམག་ཤུགས་ཁ་ཐེངས་གཉིས་འགྲེམས་ནས་དགྲ་བོར་རེ་རེ་བཞིན་གཏོར་རྒྱུའི་ཆ་རྐྱེན་བསྐྲུན་སྐབས་མཐར་ཕམ་ཉེས་བྱུང་བ་རེད། འོན་

ཀྲུང་ཆབ་སྲིད་ཀྱི་ཐོག་ནས་བཤད་ན་ལེགས་འགྲུབ་བྱུང་ཡོད། ནན་ཁྲང་འོས་ལངས་ཀྱི་རྗེས་སུ། ཀྲུང་གོ་གུང་ཁྲན་ཏང་ལ་རང་ཉིད་ཀྱི་དམག་དཔུང་བྱུང་ཡོད་ཅིང་། དེའང་དྲག་ཆས་དམག་དཔུང་ཁོ་ན་མ་ཡིན་པར་དངོས་གཞིའི་དམག་དོན་སྦྱོང་བརྡར་བྱས་པའི་དངོས་གཞིའི་དམག་དཔུང་ཡིན།

ནན་ཁྲང་འོས་ལངས་ཀྱི་ཐོག་ནས་ཀྲུང་གོ་མི་དམངས་དང་ཀྲུང་གོ་གུང་ཁྲན་ཏང་གིས་སྟོབས་ལྡན་དགྲ་བོར་མི་སྐྲག་པར་གསར་བརྗེ་མཐར་ཕྱིན་པ་བྱེད་པའི་སྙིང་སྟོབས་གང་ལེགས་མཚོན་པ་དང་། གོ་མིན་ཏང་ལོག་སྤྱོད་ཤོག་ཁག་གི་ཛིག་ཉམས་ལ་རྡུང་རྡེག་དྲག་པོ་བཏང་བས་རྒྱལ་ཡོངས་མི་དམངས་ལ་སྐུལ་ལྕག་ཆེན་པོ་ཐེབས་ཡོད།

སྤྱི་ལོ་༡༩༣༣ལོར་ཀྲུང་ཧྭ་སུའུ་ཝེ་ཨེད་སྤྱི་མཐུན་རྒྱལ་ཁབ་གནས་སྐབས་ཀྲུང་དབྱང་སྲིད་གཞུང་གིས་ཟླ་༧པའི་ཚེས་༡ཉིན་ཀྲུང་གོ་བཟོ་ཞིང་དམར་དམག་དབུ་བརྙེས་པའི་དྲན་གསོའི་ཉིན་མོར་གཏན་འཁེལ་བྱས། དེའི་རྗེས་སུ་ཟླ་༧པའི་ཚེས་༡ཉིན་ནི་ཀྲུང་གོའི་བཟོ་ཞིང་དམར་དམག་དང་ཀྲུང་གོ་མི་དམངས་བཅིངས་འགྲོལ་དམག་གི་དམག་བཙུགས་དུས་ཆེན་དུ་གྱུར།

དམར་དམག་རྒྱང་སྐྱོད།

དམར་དམག་རྒྱང་སྐྱོད་ཀྱི་ལམ་ཐིག་གཙོ་བོ་ནི། དམར་དམག་དཔུང་ཕྱོགས་སྐར་ཆེན་དང་པོ་ཅང་ཞི་རུའི་ཅིན་ནས་ཐོན་ཏེ། ཧྥུའུ་ཅན་དང་། ཀོང་ཏུང་། ཧུའུ་ནན། ཀོང་ཞི། ཀུའེ་ཀྲོའུ། ཡུན་ནན། སི་ཁྲོན། བོད་ལྗོངས། ཀན་སུའུ་བཅས་བརྒྱུད་དེ་ཧྲན་ཞི་ལ་སླེབས་པ་དང་ཁྲིན་ལེ་དབར་ཉི་ཁྲི་ལྔ་སྟོང་ཟིན་ཡོད། དམར་དམག་དཔུང་ཕྱོགས་སྐར་ཆེན་གཉིས་པ་ཧུའུ་ནན་ནས་འགོ་བཙུགས་ཏེ་ཀུའེ་ཀྲོའུ་དང་། ཡུན་ནན། བོད་ལྗོངས། སི་ཁྲོན། མཚོ་སྔོན། ཀན་སུའུ་བཅས་བརྒྱུད་ཧྲན་ཞི་རུ་འཁྱོར་བ་དང་ཁྲིན་ལམ་ཐག་ལེ་དབར་ཉི་ཁྲི་ལྷག་ཙམ་ཟིན། དམར་དམག་དཔུང་ཕྱོགས་སྐར་ཆེན་བཞི་པ་སི་ཁྲོན་ནས་ཐོན་ཏེ་བོད་ལྗོངས་དང་མཚོ་སྔོན་བརྒྱུད་ཀན་སུའུ་བར་ཁྲིན་ལེ་དབར་ཁྲི་གཅིག་ལྷག་ཙམ་བསྐྱོད་པ་རེད། དམར་དམག་ཐུན་ཤོག

ཉེར་ལྔ་པ་ཧྲོ་ནན་ནས་ཐོན་ཏེ་ཧུའུ་པེ་དང་ཀན་སུའུ་བརྒྱུད་ནས་ཧྲན་ཞི་ རུ་འབྱོར་བ་དང་ཁྲོན་ལེ་དབར་ཆིག་ཁྲི་ལྔག་ཙམ་བསྐྱོད་ཡོད། རྒྱང་སྐྱོད་ཀྱི་ལམ་དུ། དམར་དམག་ལ་འཕྲད་པའི་དཀའ་ངལ་དང་ཉེན་ཁ་བགྲང་གིས་མི་ལང་བ་དང་། གནམ་གཤིས་ངན་པའི་འགོག་རྐྱེན་འཕྲད་པ་མ་ཟད། དགྲ་བོས་མཐའ་ནས་བསྐོར་བ་དང་རྗེས་འདེད་ཀྱང་བྱས། རྒྱང་སྐྱོད་སྐབས་སུ། དམར་དམག་གིས་དགྲ་དམག་གི་འགོག་སྲུང་འཛིང་རགས་བཞི་གཏོར་བ་དང་། དེ་ནས་ཞྭུའུ་ཅང་གཙང་པོ་ངར་ཤུགས་ཀྱིས་བརྒལ་ནས་ཙུན་དབྱི་བཟུང་བ། ཁྲི་ཧྲུའི་ཆུ་བོ་ཐེངས་བཞི་བརྒལ་བ། འབྲི་ཆུ་བརྒལ་བ། རྒྱལ་རོང་རྒྱལ་མོ་རྔུལ་ཆུ་ངར་ཤུགས་ཀྱིས་བརྒལ་བ། ལུའུ་ཏིན་ཟམ་པ་འཕྲོག་པ། གངས་རི་བརྒལ་བ་དང་རྫ་ཐང་བརྒྱལ་བ་སོགས་དཀའ་སྡུག་དང་བར་ཆད་སྣ་ཚོགས་བརྒྱུད་མྱོང་བ་རེད། དེ་དག་ཀྱང་བློ་བརྟན་འགྱུར་མེད་ཀྱི་གསར་བརྗེའི་བློ་སྟོབས་དང་། མཐུན་སྒྲིལ་གྱི་གསར་བརྗེའི་དད་སེམས་ལྡན་ལ"གཅིག་ནས་དཀའ་སྡུག་ལ་མི་སྐྲག་པ་དང་། གཉིས་ནས་འཆི་རྒྱུར་མི་སྐྲག"པའི་གསར་བརྗེའི་སྙིང་སྟོབས་བཅས་ལ་བརྟེན་ནས། དམར་དམག་གིས་མཐར་ཀན་སུའུ་ཧུའི་ཉིང་དུ་རྒྱང་སྐྱོད་རྒྱལ་ཁའི་ངང་མཇུག་འགྲིལ་བ་ཁྱབ་བསྒྲགས་བྱས་པ་རེད།

དམར་དམག་རྒྱང་སྐྱོད་བྱེད་པའི་རྒྱུ་མཚན་ནི། དང་པོ། གསར་བརྗེའི་སྟོབས་ཤུགས་སྲུང་འཛིན་བྱས་ནས་འཐབ་རྩུས་ཐོག་གི་སྒོ་བསྒྱུར་བྱ་དགོས་པ་དེ་རེད། ཐེངས་ལྔ་པའི"སྐོར་བཅོམ"སྐབས་སུ། མའོ་ཙེ་ཏུང་གིས་བཏོན་པའི་དམག་བསླུས་ནང་འཛུལ་དང་དགྲ་བོ་ཚར་གཅོད་པའི་དེས་མེད་རྣོལ་རྫུང་གི་འཐབ་རྩུས་ལག་བསྟར་མ་བྱས་པར། ཐད་ཀར་དགྲ་བོ་དང་ངོ་གཏུག་འཐབ་འཛིང་བྱས་པས། དམར་དམག་ལ་དགྲ་དང་རང་ཕྱོགས་སྟོབས་ཤུགས་ཀྱི་ཧེ་བག་ཆེ་བས། བསྟུད་མར་ཕམ་ནས་ཕྱིར་བཞོལ་མི་བྱེད་ཐབས་མེད་བྱུང་རྐྱེན། ཀྲུང་དབྱང་སུའུ་ཁུལ་གྱི་གནས་གཞིའི་ས་ཁུལ་ནས་ཕྱིར་བུད་དེ་གནས་སྤོ་བའི་ལམ་དུ་ཞུགས་དགོས་བྱུང་། གཉིས་པ། དམར་དམག་གིས་ཐོག་མ་ཉིད་ནས་གནས་སྐབས་རིང་འཐབ་རྩུས་ཐོག་གི་སྒོ་བསྒྱུར་བྱ་རྒྱུ་ཙམ་ལས་གྲ་སྒྲིག་མ་བྱས་པར། སྔོན་ལ་དགྲ་དམག་གི་གཙོ་ཤུགས་ལས་གཡོལ་

ཏེ་གོ་སྐབས་བཙལ་ནས་དགྲ་དམག་ལ་སྐོར་བཙོམ་བྱ་རྩིས་བྱས་པ་རེད། འོན་ཀྱང་དམར་དམག་གི་དཔུང་ཆེན་བསྐྱོད་རྒྱུ་དལ་བས། དགྲ་དམག་གི་མཐའ་སྐོར་དང་རྗེས་འདེད་བཀག་བཙོམ་ལས་གཡོལ་མ་ཐུབ་པར། ཤང་ཅང་གི་གཡུལ་འགྱེད་ཐེངས་གཅིག་གིས་དམར་དམག་གི་གཙོ་ཤུགས་ཕྱེད་ཀ་ལ་ཉེ་བ་ཤོར་བས། དགྲ་དམག་གི་སྟོབས་ཤུགས་ཞན་པའི་ས་ཆར་མི་འགྲོ་ཐབས་མེད་བྱུང་བ་རེད། གསུམ་པ། ༡༩༣༥ལོའི་ཟླ་དང་པོའི་ཙུན་དབྱི་གྲོས་ཚོགས་ཐོག་ཀློ་མཐུན་མའོ་ཙེ་ཏུང་གིས་དམག་དཔུང་ལ་བཀོད་འདོམས་བྱེད་དབང་བསྐྱར་དུ་གཏན་འཁེལ་བྱས་ཤིང་། དུས་དེ་ནས་བཟུང་རྒྱང་སྐྱོད་བྱ་རྒྱུ་དེ་འཐབ་རྩུས་ཁོ་ནའི་ཐོག་ནས་རང་ཉིད་ཀྱི་སྟོབས་ཤུགས་བསྲུང་ཏེ་དགྲ་བོ་རྩ་མེད་གཏོང་བ་དང་ཁང་པ་འཛུགས་ས་གསར་པ་ཞིག་འཚོལ་བར་གྱུར་པ་རེད།

དམར་དམག་རྒྱང་སྐྱོད་ལ་རྒྱལ་ཁ་ཐོབ་པའི་ལོ་རྒྱུས་ཀྱི་དོན་སྙིང་ནི། རྒྱང་སྐྱོད་ལམ་བུའི་ཙུན་དབྱི་གྲོས་ཚོགས་སྙིང་དུ་པོ་ཀྲུའུ་ཡི“གཡོན”ལྷུང་ཉེན་མཚོང་རིང་ལུགས་ཀྱི་ནོར་འཁྲུལ་མཇུབ་སྟོན་ཡོ་བསྲང་བྱས་ཏེ། མའོ་ཙེ་ཏུང་གི་དམག་དོན་བཀོད་འདོམས་ཀྱི་གོ་གནས་གཏན་འཁེལ་བྱས་ནས་རྒྱང་སྐྱོད་ལ་རྒྱལ་ཁ་ཐོབ་པར་ཁག་ཐེག་བྱས། དམར་དམག་རྒྱང་སྐྱོད་ལ་རྒྱལ་ཁ་ཐོབ་པ་དེའི་ཐོག་ནས་ཀྲུང་གོ་གུང་ཁྲན་ཏང་མིའི་དཀའ་སྡུག་ལ་མི་སྣྲག་པའི་འཐབ་རྩོད་ཀྱི་སྙིང་སྟོབས་གང་ལེགས་མཚོན་ཡོད། སྟོབས་ཤུགས་འདིས་ཀྲུང་གོ་གུང་ཁྲན་ཏང་དང་དམར་དམག་གི་འཕེལ་རྒྱས་ལ་འདེགས་སྐྱོར་བྱེད་བཞིན་ཡོད་པ་མ་ཟད། རིམ་བཞིན་རྒྱ་ཆེར་སོང་ནས་རྒྱལ་ཡོངས་མི་དམངས་ལ་རེ་བ་ཡང་སྦྱིན་ཡོད། ཀྲུང་གོའི་བཟོ་ཞིང་དམར་དམག་གི་གཙོ་ཤུགས་ཆེན་པོ་གསུམ་པོས་སྔ་རྗེས་སུ་དཀའ་ཚོགས་ཆེ་བའི་ཁོར་ཡུག་འོག་འཐབ་རྩུས་ཐོག་ནས་གནས་སྤོ་བྱས་པ་དང་། ཞིང་ཆེན་༡༦རྒྱལ་ཁའི་ངང་བརྒལ་ནས། ཧྲན་ཞི་དང་ཀན་སུའུ་ས་ཁུལ་དུ་དམག་དཔུང་མཉམ་འཛོམས་བྱས་པ་རེད། ལྷོ་ཕྱོགས་ཀྱི་གནས་གཞིའི་ས་ཁུལ་ཤོར་བ་དང་། གཙོ་ཤུགས་དམག་དཔུང་ལའང་ཉམས་ཉེས་ཆེན་པོ་ཤོར་ཡོད་ནའང་རྒྱང་སྐྱོད་བྱེད་པའི་ལམ་དུ་གསར་བརྗེའི་ས་བོན་བཏབ་ཡོད། ཀློ་མཐུན་མའོ་ཙེ་ཏུང་གིས་གསུངས་པ་ལྟར། “རྒྱང་སྐྱོད་

ནི་བསྒྲགས་ཡིག་དང་། རྒྱང་སྐྱོད་ནི་དྲིལ་བསྒྲགས་ཏུ་ཁག །རྒྱང་སྐྱོད་ནི་སོན་འདེབས་འཕྲུལ་འཁོར་བཅས་རེད”ཅེས་གསུངས་པ་ལྟར། དམར་དམག་རྒྱང་སྐྱོད་ལ་རྒྱལ་ཁ་ཐོབ་པ་དེས། ཀྲུང་གོའི་གསར་བརྗེའི་རྣམ་པ་གསར་པ་འགོ་བརྩམས་པ་དང་། མར་ཁེ་སི་ལེ་ཉིན་རིང་ལུགས་དང་མའོ་ཙེ་ཏུང་གི་དགོངས་པས་མཚུབ་སྟོན་གནང་བའི་ཀྲུང་གོ་གུང་ཁྲན་ཏང་དང་ཀྲུང་གོའི་བཟོ་ཞིང་དམར་དམག་ལ་བློ་བརྟན་འགྱུར་མེད་ཀྱི་དད་སེམས་དང་ཞུམ་མེད་ཀྱི་བློ་སྟོབས་ལྡན་པ། དཀའ་སྡུག་དང་བར་ཆད་ཐམས་ཅད་ཁྱད་བསད་བྱེད་ཐུབ་པ་བཅས་ཀྱི་སྟོན་བརྡ་བཏང་ཡོད།

དམར་དམག་རྒྱང་སྐྱོད་ཐོག་ནས་དམར་དམག་གིས་ཉེན་ཁར་མི་སྐྲག་པ་དང་། དཀའ་ངལ་ཁྱད་བསད་བྱེད་ཐོད་པའི་ཆོད་སེམས་མཚོན་ཡོད། རང་བྱུང་ཁོར་ཡུག་ངན་པའི་མདུན་དུ་ཁོ་ཚོས་ཕྱིར་བཤོལ་མི་བྱེད་པ་དང་། དགྲ་བོའི་རྟུང་རྡེག་ལ་ཧ་མི་སྣམ་པ་བཅས་ཀྱིས། ད་གཟོད་རྒྱང་སྐྱོད་ལ་མཐར་ཐུག་གི་རྒྱལ་ཁ་ཐོབ་པ་རེད། སྙིང་སྟོབས་འདི་དག་ང་ཚོས་སློབ་སྦྱོང་བྱེད་དགོས་ངེས་ཡིན།

རི་འགོག་དམག་འཁྲུག

རི་འགོག་དམག་འཁྲུག་ནི་འཛམ་གླིང་དམག་ཆེན་གཉིས་པའི་སྐབས་ཀྲུང་གོས་རི་པིན་གྱི་བཙན་འཛུལ་ལ་འགོག་རྒོལ་བྱེད་པའི་མི་རིགས་རང་བཞིན་གྱི་ཁྱོན་ཡོངས་ཀྱི་དམག་འཁྲུག་ཅིག་ཡིན་པ་དང་། རྒྱལ་སྤྱིའི་ཐོག་དེར་ཀྲུང་རིའི་དམག་འཁྲུག་ཐེངས་གཉིས་པ་དང་རི་པིན་གྱིས་ཀྲུང་གོར་བཙན་འཛུལ་བྱས་པའི་དམག་འཁྲུག་ཅེས་བརྗོད་ཀྱི་ཡོད། རི་འགོག་དམག་འཁྲུག་ནི་སྤྱི་ལོ་༡༩༣༡ལོའི་ཟླ་༩པའི་ཚེས་༡༨ཉིན་ནས་འགོ་ཚུགས་པ་དང་སྤྱི་ལོ་༡༩༤༥ལོར་མཇུག་འགྲིལ་བ་སྟེ་དུས་ཡུན་ལོ་༡༤འགོར་ཡོད།

རི་འགོག་དམག་འཁྲུག་དེ་དུས་རིམ་གསུམ་ལ་དབྱེ་ཆོག་སྟེ། དུས་རིམ་དང་པོ་ནི་འཐབ་རྡུམ་ཐོག་ནས་འགོག་སྲུང་བྱེད་པའི་དུས་རིམ་ཞིག་ཡིན་ཏེ། དེའང་སྤྱི་ལོ་༡༩༣༡ལོ་ནས

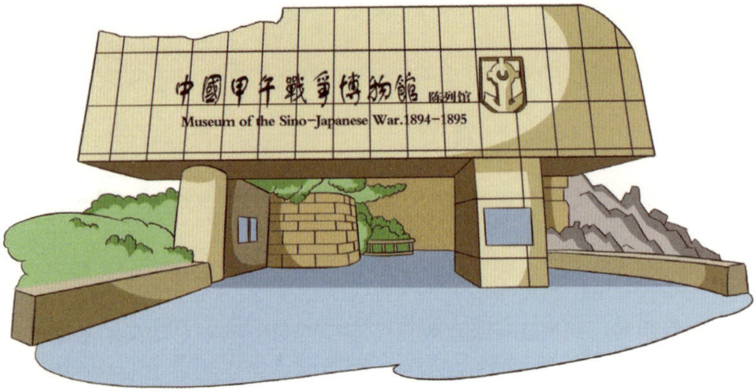

༡༩༣༨ལོའི་ཟླ་༡༠པའི་བར་ཡིན་ཞིང་། “དགུ་པའི་བཅོ་བརྒྱད་ཀྱི་དུས་འགྱུར”རྗེས་སུ། རི་པིན་གྱིས་ཀྲུང་གོར་བཙན་འཛུལ་བྱེད་འགོ་བརྩམས་པ་དང་། དེ་ནས་བཟུང་རང་རྒྱལ་དུ་རི་པིན་གྱི་བཙན་འཛུལ་ལ་ངོ་རྒོལ་བྱེད་པའི་རི་འགོག་དམག་འཁྲུག་ཞུང་ཤས་བྱུང་བ་རེད། ཕྱི་ལོ་༡༩༣༧ལོའི་ཟླ་༧པའི་ཚེས་༧ཉིན། “བདུན་པའི་ཚེས་བདུན་གྱི་དུས་འགྱུར”ལངས་པ་དེས་ཕྱོགས་ཡོངས་ནས་རི་འགོག་དམག་འཁྲུག་གི་འགོ་བརྩམས། ༡༩༣༧ལོའི་ཟླ་༨པའི་ཟླ་སྨད་དུ། གུང་ཁྲན་ཏང་གིས་འགོ་ཁྲིད་པའི་དམར་དམག་དེ་གོ་མིན་གསར་བརྗེའི་དམག་གི་དམག་སྡེ་བརྒྱད་པར་བསྒྱུར་ནས་ཧྭ་པེ་གཡུལ་སར་བསྐྱོད། དམར་དམག་གི་ངེས་མེད་རྒོལ་རྒྱུང་ཏུ་ཁག་དེ་ཤིན་སི་ཅུན་དུ་བསྒྱུར་ནས་ཧྭ་དབུས་གཡུལ་སར་བསྐྱོད། ཀྲུང་གོ་གུང་ཁྲན་ཏང་གིས་དགྲ་བོའི་རྒྱབ་ཕྱོགས་སུ་ཟབ་འཛུལ་བྱས་ཏེ་དཔའ་ངར་ཆེན་པོས་རི་དམག་ལ་འགོག་རྒོལ་བྱས།

དུས་རིམ་གཉིས་པ་ནི་ཕྱི་ལོ་༡༩༣༨ལོའི་ཟླ་༡༠པ་ནས་ཕྱི་ལོ་༡༩༤༣ལོའི་ཟླ་༡༢པའི་བར་ཡིན་ཞིང་། དེ་ནི་འཐབ་རྩལ་ཐོག་པན་ཚུན་སྲ་འཛིན་བྱེད་པའི་དུས་རིམ་ཞིག་རེད། དུས་ཀྱི་འཕོ་འགྱུར་དང་བསྟུན་ནས་རི་པིན་དམག་གི་འཐབ་ཕྱོགས་རྒྱ་བསྐྱེད་པ་དང་ནོར་ཤུགས་དང་དངོས་ཤུགས། དམག་ཤུགས་བཅས་ཉིན་བཞིན་ཉམས་རྒུད་དུ་འགྲོ་བཞིན་ཡོད་པས། ཟླ་༡༢པར། རི་པིན་གྱི་དམག་ཤུགས་མི་འདང་བས། ཙུ་ཐུག་ནས་དམག་རྒྱ་ཇེ་ཆུང་དུ་བཏང་ཞིང་། ཧྭ་པེ་ཕྱོགས་ཀྱི་དཔུང་ཕྱོགས་སྐར་ཆེན་གྱིས་རི་འགོག་གནས་གཞིའི་ས་ཁུལ་ལ་ཚུར་རྒོལ་

མཚམས་བཞག །

དུས་རིམ་གསུམ་པ་ནི་སྤྱི་ལོ་༡༩༤༤ལོའི་ཟླ་དང་པོ་ནས་༡༩༤༥ལོའི་ཟླ་༤པའི་བར་ཡིན་ལ། དེ་ནི་འཐབ་རྩུས་ཐོག་ནས་ཕར་རྒོལ་བྱེད་པའི་དུས་རིམ་ཞིག་ཡིན། སྤྱི་ལོ་༡༩༤༤ལོར་གྲུང་ཁྲན་ཏང་གིས་དམག་སྡེ་བརྒྱད་པ་དང་། ཤིན་སི་ཅུན། རི་འགོག་གནས་གཞིའི་ས་ཁུལ་བཅས་ཀྱི་དམག་དམངས་ཀྱིས་འགོ་ཁྲིད་དེ་ཧྭ་བྱང་དང་། ཧྭ་དབུས། ཧྭ་ལྷོ་བཅས་ཀྱི་ས་ཁུལ་དུ་རི་དམག་དང་རྫུས་དམག་ཁག་གཅིག་ལ་ཕར་རྒོལ་བྱས། སྤྱི་ལོ་༡༩༤༥ལོའི་ཟླ་༤པར། ཞི་བདེ་རྒྱ་མཚོའི་གཡུལ་སར་ཨ་མེ་རི་ཁས་རི་པིན་དང་དམག་འཐབ་བྱས་ནས་རྒྱལ་ཁ་བླངས་ཏེ། རི་པིན་གྱི་རྒྱལ་ཁོངས་སུ་བཅར་ནས། ཀོང་ཏའོ་དང་ཁྲང་ཆི་ལ་རྡུལ་ཕྲན་འབར་མདེལ་གཉིས་འཕངས་ཡོད། སྤྱི་ལོ་༡༩༤༥ལོའི་ཟླ་༨པར་རི་པིན་གྱིས་ཀྱང་ཕོར་མགོ་བཏགས་ཞུ་ཡིག་ཕུལ་ཞིང་། རི་འགོག་དམག་འཁྲུག་རྒྱལ་ཁའི་ངང་མཇུག་སྒྲིལ།

རི་འགོག་དམག་འཁྲུག་ལ་རྒྱལ་ཁ་ཐོབ་པ་ནི་རྒྱལ་གཅེས་རིང་ལུགས་ཀྱི་སྲོག་ཤིང་དུ་གྱུར་པའི་མི་རིགས་ཀྱི་སྙིང་སྟོབས་ནུས་པ་པོ་ཆེའི་རྒྱལ་ཁ་ཡིན། ལོ་ངོ་ལྔ་སྟོང་ལྷག་ཙམ་གྱི་ལོ་རྒྱུས་ནང་ཀྲུང་ཧྭ་མི་རིགས་ལ་རྒྱལ་གཅེས་རིང་ལུགས་སྲོག་ཤིང་དུ་གྱུར་པའི་མཐུན་སྒྲིལ་གཅིག་གྱུར་དང་། ཞུམ་མེད་འབད་བརྩོན། དཀའ་སྤྱད་འབད་འཐབ། ཞི་བདེར་དགའ་བ་བཅས་ཀྱི་མི་རིགས་ཀྱི་སྙིང་སྟོབས་ནུས་ཆེན་གྲུབ་ཡོད། ཀྲུང་གོ་བ་ཞིག་གི་ངོས་ནས་བརྗོད་ན་རི་འགོག་གི་སྙིང་སྟོབས་དེ་ང་ཚོས་རྒྱུན་འཛིན་དང་དར་སྤེལ་གཏོང་དགོས་ངེས་ཤིག་ཡིན།

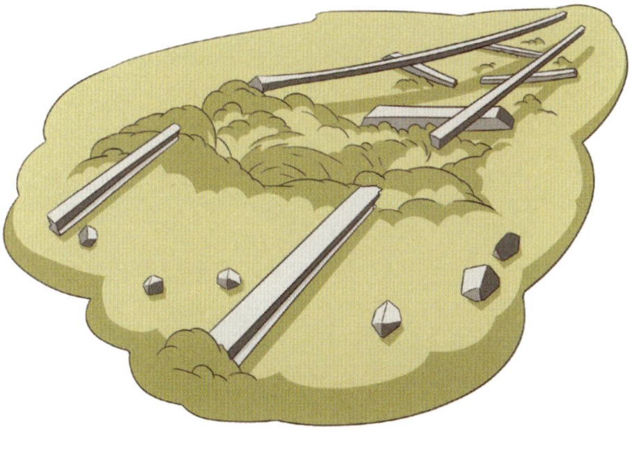

ལེའུ་བདུན་པ།

དུས་དང་རྣམ་པ་ཀུན་ཏུ་མེས་རྒྱལ་གྱི་རྒྱུན་འཛིན་པ་བྱེད་པའི་གྲ་སྒྲིག་བྱེད་དགོས།

སློབ་གྲྭ་འབྲིང་ཆུང་གི་སློབ་མ་ནི་འབྱུང་འགྱུར་སྤྱི་ཚོགས་རིང་ལུགས་ཀྱི་འཛུགས་སྐྲུན་པ་དང་རྒྱུན་འཛིན་པ་ཡིན་པས། རྒྱལ་ཁབ་སྟོབས་ལྡན་དུ་འགྱུར་བའི་ཕུགས་འདུན་དང་རྒྱལ་ཁབ་ཕྱུག་པོར་འགྱུར་བའི་ཕུགས་འདུན་དེ་ཁོང་ཚོར་བརྟེན་ནས་འགྲུབ་དགོས། སློབ་གྲྭ་འབྲིང་ཆུང་གི་སློབ་མས་ཤེས་བྱར་བརྟེན་ནས་རང་ཉིད་ལ་དྲག་ཆས་སྤྲོས་པ་དང་ཉམས་མྱོང་ལ་བརྟེན་ནས་རང་ཉིད་ལ་ཞུན་བཏར་བྱེད་དགོས་ལ། ཡང་དག་པའི་མི་ཚེའི་ལྟ་བ་དང་རིན་ཐང་ལྟ་བའང་ཡོད་དགོས་པ་དང་། ཏང་ལ་དགའ་ཞེན་དང་། རྒྱལ་ཁབ་ལ་དགའ་ཞེན། སྤྱི་ཚོགས་རིང་ལུགས་ལ་དགའ་ཞེན་བཅས་བྱས་ཏེ་དུས་དང་རྣམ་པ་ཀུན་ཏུ་རྒྱལ་ཁབ་དང་མི་དམངས་ལ་རང་ཉིད་ཀྱི་ནུས་ཤུགས་སྐྱེས་སུ་འབུལ་རྒྱུའི་གྲ་སྒྲིག་བྱེད་དགོས།

འབྱུང་འགྱུར་སྤྱི་ཚོགས་རིང་ལུགས་ཀྱི་འཛུགས་སྐྲུན་པ་དང་རྒྱུན་འཛིན་པ་ཇི་ལྟར་བྱེད་དགོས།

སློབ་གྲྭ་འབྲིང་ཆུང་གི་སློབ་མ་ནི་མེས་རྒྱལ་གྱི་དུས་རབས་གསར་པའི་རྒྱུན་འཛིན་པ་ཡིན་པའི་ཆ་ནས། ཕུགས་བསམ་དང་དད་སེམས་ཡོད་དགོས་ཤིང་། ཀྲུང་གོའི་ཕུགས་འདུན་མངོན་འགྱུར་ཡོང་ཆེད་རང་ཉིད་ཀྱི་ནུས་ཤུགས་སྐྱེས་སུ་འབུལ་དགོས། གཞོན་ནུ་ལོ་ཆུང་ཚོར་ཕུགས་བསམ་དང་དད་སེམས་བརྟན་པོ་ཡོད་དགོས་པ་དང་། ཕུགས་བསམ་དང་དད་སེམས་ནི་གཞོན་ནུ་ལོ་ཆུང་ཚོའི་མི་ཚེའི་ཁྲིད་ཀྱི་སྒྲོན་མེ་ལྟ་བུ་ཞིག་ཡིན་ཞིང་། དེས་འབད་འཐབ་ཀྱི་ཁ་ཕྱོགས་ལ་ཁྲིད་སྟོན་བྱེད་སྲིད།

སློབ་གྲྭ་འབྲིང་ཆུང་གི་སློབ་མ་རྣམས་ནི་རྒྱལ་ཁབ་ཀྱི་རྒྱུན་འཛིན་པ་ཡིན་པའི་ཆ་ནས་རང་དཔེ་གཞན་སྟོན་གྱིས་ཀུན་སྤྱོད་བློ་སྤྱོང་གོང་མཐོར་གཏོང་བ་དང་། ཀུན་སྤྱོད་ལག་ལེན་ལ་དོ་སྣང་། རྒྱལ་གཅེས་རིང་ལུགས་དང་ཐུན་མོང་རིང་ལུགས་རང་འགྲུལ་གྱིས་དར་སྤེལ། སྤྱི་ཚོགས་ཀྱི་སྤྱི་པའི་སྤྱོད་བཟང་དང་། ཁྱིམ་ཚང་གི་སྤྱོད་བཟང་། སྒེར་གྱི་ཀུན་སྤྱོད་བཅས་དར་སྤེལ་ཧུར་ཐག་གཏོང་བ། སྤྱི་ཚོགས་ཀྱི་དར་སྲོལ་བཟང་པོ་དར་སྤེལ་གཏོང་བར་སྣེ་ཁྲིད་དང་། བྱ་སྤྱོད་དངོས་ཀྱི་ཁྲོད་དུ་བྱང་ཚད་གོང་མཐོར་གཏོང་བ། སྤྱི་ཚོགས་ཀྱི་ཀུན་སྤྱོད་ཡར་ཐོན་ཡོང་

བར་སྐྱོལ་འདེད་གཏོང་བ་བཅས་བྱེད་དགོས། སློབ་གྲྭ་འབྲིང་ཆུང་གི་སློབ་མས་དུས་རབས་གསར་པར་རིག་གནས་ལྡན་དགོས་པ་ཤེས་པར་བྱས་ཏེ་སློབ་སྦྱོང་བྱེད་པ་དང་། རྒྱུན་ཆད་མེད་པར་རང་ཉིད་འཕྲུས་ཚང་དུ་གཏོང་བ། རང་ཉིད་ཀྱི་བྱང་ཚད་དང་རིག་གནས་ཚུ་ཚད་ཕུན་སུམ་ཇེ་ཚོགས་སུ་གཏོང་བ། ཤེས་བྱར་བརྟེན་ནས་བསམ་བློར་དྲག་ཆས་སྦྲེས་པ་བཅས་བྱེད་དགོས་པ་མ་ཟད། སྒྲུབས་པ་གོ་ཆོད་ཡོང་བ་བྱེད་དགོས།

སློབ་གྲྭ་འབྲིང་ཆུང་གི་སློབ་མ་རྣམས་ལ་སྒྲིག་ཁྲིམས་ཡོད་དགོས་པ་དང་། རང་འགུལ་ངང་བཙའ་ཁྲིམས་དང་ཁྲིམས་སྲོལ་ལ་བརྩི་སྲུང་ཞུ་དགོས་པ། འཚོ་བའི་ཁྲོད་དུ་ཁྲིམས་སྲུང་བའི་སྤྱི་དམངས་ཆུང་དུ་ཞིག་ཡིན་ཕྱིན། རིག་པ་དྭངས་གསལ་ལ་རྒྱུན་འཁྱོངས་བྱས་ནས་བཙའ་ཁྲིམས་ཀྱི་ཐིག་དམར་ལས་མི་གྱོལ་བ་བྱེད་དགོས།

ཀྲུང་གོ་གུང་ཁྲན་ཏང་ངོས་འཛིན་པ།

སྤྱི་ལོ་༡༩༢༡ལོར་ཀྲུང་གོ་གུང་ཁྲན་ཏང་དབུ་བརྙེས་པ་ནས་བཟུང་། ཏང་གིས་རྒྱལ་ཡོངས་མི་རིགས་ཁག་གི་མི་དམངས་ཀྱི་འགོ་ཁྲིད་དེ་མི་རིགས་རང་བཙན་དང་མི་དམངས་བཅིངས་འགྲོལ་འཐོབ་ཐབས་བྱེད་ཆེད་འཐབ་རྩོད་བྱས་ཤིང་། བརྒྱུད་རིམ་ནང་བྱང་འདུལ་དམག་འཁྲུག་དང་། ས་ཞིང་གསར་བརྗེའི་དམག་འཁྲུག །རི་འགོག་དམག་འཁྲུག །རྒྱལ་ཡོངས་བཅིངས་འགྲོལ་དམག་འཁྲུག་བཅས་བརྒྱུད་མཐར་སྤྱི་ལོ་༡༩༤༩ལོར་མཐའ་མའི་རྒྱལ་ཁ་ཐོབ་ནས་ཀྲུང་ཧྭ་མི་དམངས་སྤྱི་མཐུན་རྒྱལ་ཁབ་དབུ་བརྙེས་པ་རེད།

ཀྲུང་གོ་གུང་ཁྲན་ཏང་ནི་ཀྲུང་གོའི་བཟོ་པའི་གྲལ་རིམ་གྱི་གདོང་ལེན་ཏྭ་ཁག་ཡིན་པ་དང་། དུས་མཚུངས་ཀྲུང་གོའི་མི་དམངས་དང་ཀྲུང་ཧྭ་མི་རིགས་ཀྱི་གདོང་ལེན་ཏྭ་ཁག་ཀྱང་ཡིན་ལ། ཀྲུང་གོའི་ཁྱད་ཆོས་ལྡན་པའི་སྤྱི་ཚོགས་རིང་ལུགས་ཀྱི་བྱ་གཞག་གི་འགོ་ཁྲིད་སྒྲོམ་ཤིང་ཡང་ཡིན། ཏང་གི་ཆེས་མཐོའི་ཕུགས་བསམ་དང་མཐར་ཐུག་གི་དམིགས་ཡུལ་ནི་གུང་ཁྲན་རིང་ལུགས་མངོན་འགྱུར་བྱ་རྒྱུ་དེ་ཡིན། ཀྲུང་གོ་གུང་ཁྲན་ཏང་གིས་མར་ཁེ་སི་ལེ་ཉིང་རིང་

ལུགས་དང་། མའོ་ཙེ་ཏུང་གི་དགོངས་པ། ཏེང་ཞའོ་ཕིང་གི་རིགས་པའི་གཞུང་ལུགས། མཚོན་བྱེད་གསུམ་གྱི་གལ་ཆེའི་དགོངས་པ། ཚན་རིག་དང་མཐུན་པའི་གོང་འཕེལ་ལྟ་བ། ཞི་ཅིན་ཕིང་གི་དུས་རབས་གསར་པའི་ཀྲུང་གོའི་ཁྱད་ཆོས་ལྡན་པའི་སྤྱི་ཚོགས་རིང་ལུགས་ཀྱི་དགོངས་པ་བཅས་རང་ཉིད་ཀྱི་བྱ་སྤྱོད་ཀྱི་ཕྱོགས་སྟོན་དུ་འཛིན་གྱི་ཡོད། ཀྲུང་གོ་གུང་ཁྲན་ཏང་གི་འགོ་ཁྲིད་ནི་ཀྲུང་གོའི་ཁྱད་ཆོས་ལྡན་པའི་སྤྱི་ཚོགས་རིང་ལུགས་ཀྱི་ཆེས་ངོ་བོར་གྱུར་པའི་ཁྱད་ཆོས་ཤིག་ཡིན།

ཀྲུང་གོ་གུང་གཞོན་ཚོགས་པ་ངོས་འཛིན་པ།

སྤྱི་ལོ་༡༩༢༥ལོའི་ཟླ་དང་པོར་ཀྲུང་གོའི་སྤྱི་ཚོགས་རིང་ལུགས་ཀྱི་གཞོན་ནུའི་ཚོགས་པས་ཧྲང་ཧའི་རུ་རྒྱལ་ཡོངས་འཐུས་མི་ཚོགས་ཆེན་ཐེངས་གསུམ་པ་འཚོགས་པ་དང་། ཚོགས་འདུའི་ཐོག《ཚོགས་ཆེན་གྱི་བསྒྲགས་གཏམ》སྤེལ་བ་དང་འབྲེལ་ཀྲུང་གོའི་སྤྱི་ཚོགས་རིང་ལུགས་ཀྱི་གཞོན་ནུའི་ཚོགས་པ་དེ་ཀྲུང་གོ་གུང་ཁྲན་རིང་ལུགས་གཞོན་ནུ་ཚོགས་པ་ཞེས་པར་མིང་དངོས་སུ་བསྒྱུར།

ཀྲུང་གོ་གུང་ཁྲན་རིང་ལུགས་གཞོན་ནུ་ཚོགས་པ་ནི་ཀྲུང་གོ་གུང་ཁྲན་ཏང་གིས་འགོ་ཁྲིད་གནང་བའི་སྔོན་ཐོན་གཞོན་ནུ་ཚོགས་པའི་རྩ་འཛུགས་ཤིག་དང་། ཀྲུང་གོ་གུང་ཁྲན་ཏང་གི་ལས་རོགས་དང་རྗེས་གྲབས་དམག་ཡིན་པས། ཀྲུང་གོ་གུང་ཁྲན་ཏང་ཀྲུང་དབྱང་ཨུ་ཡོན་ལྷན་ཁང་གི་འགོ་ཁྲིད་དང་ལེན་ཞུ་དགོས་པ་དང་ཆབས་ཅིག །ཀྲུང་གོ་གུང་ཁྲན་ཏང་གི་བཀའ་མངགས་ལྟར་ཀྲུང་གོའི་ལོ་ཆུང་གདོང་ལེན་རུ་ཁག་གི་འགོ་ཁྲིད་ལས་དོན་སྒྲུབ་ཅིང་། ཀྲུང་ཧྭ་རྒྱལ་ཡོངས་སློབ་མའི་མཉམ་འབྲེལ་ལྷན་ཚོགས་ཀྱི་ལས་དོན་ལ་མཛུབ་ཁྲིད་ཀྱང་བྱེད་དགོས།

ཀྲུང་གོའི་ལོ་ཚུང་གདོང་ལེན་དུ་ཁག་ངོས་འཛིན་པ།

སྤྱི་ལོ་༡༩༤༩ལོའི་ཟླ་དང་པོའི་ཚེས་༡ཉིན་ཀྲུང་གོ་གུང་ཁྲན་ཏང་ཀྲུང་དབྱང་ཨུ་ཡོན་ལྷན་ཁང་གིས《ཀྲུང་གོའི་དམངས་གཙོ་རིང་ལུགས་གསར་པའི་གཞོན་ནུ་ཚོགས་པ་འཛུགས་རྒྱུའི་སྐོར་གྱི་གྲོས་ཆོད》ཡོངས་བསྒྲགས་བྱས་པ་དང་། གྲོས་ཆོད་ནང་གཞོན་ནུའི་ཚོགས་པས་ལོ་ཚུང་བྱིས་པའི་ལས་དོན་ལ་འགོ་ཁྲིད་བྱ་རྒྱུ་དང་། ལོ་བདུན་ནས་ལོ་བཅུ་གཉིས་བར་གྱི་བྱིས་པ་ཚོགས་པའི་ནང་བསྡུ་རྒྱུ། ལོ་བཅུ་གསུམ་ནས་བཅོ་བདུན་བར་གྱི་བྱིས་པ་ལོ་ཚུང་གདོང་ལེན་དུ་ཁག་ནང་བསྡུ་རྒྱུ། གྲོང་གསེབ་ཚུང་གྲས་སུ་ལོ་ཚུང་རྣམས་དང་བྱིས་པའི་ཚོགས་པ་མཉམ་ལས་ཐོག་ཞུགས་རྒྱུའི་གླེང་བྱ་བཅས་བཀོད་ཡོད།

ཀྲུང་གོའི་ལོ་ཚུང་གདོང་ལེན་དུ་ཁག་གི་བསྡུས་མིང་ལ་ལོ་ཚུང་གདོང་ལེན་དུ་ཁག་ཟེར་ཞིང་། དེ་ནི་ཀྲུང་གོའི་ལོ་ཚུང་བྱིས་པའི་མང་ཚོགས་རྩ་འཛུགས་དང་། ལོ་ཚུང་བྱིས་པས་ཀྲུང་གོའི་ཁྱད་ཆོས་ལྡན་པའི་སྤྱི་ཚོགས་རིང་ལུགས་དང་གུང་ཁྲན་རིང་ལུགས་ལ་སློབ་སྦྱོང་བྱེད་པའི་སློབ་གྲྭ། སྤྱི་ཚོགས་རིང་ལུགས་དང་གུང་ཁྲན་རིང་ལུགས་འཛུགས་སྐྲུན་བྱེད་པའི་གྲ་སྒྲིག་དུ་ཁག་བཅས་རེད། ཀྲུང་གོ་གུང་ཁྲན་ཏང་ཨུད་ཀྱིས་ཀྲུང་གོ་གུང་ཁྲན་རིང་ལུགས་གཞོན་ནུ་ སྡེ་ཚོགས་ལ་བཀའ་མངགས་གནང་བ་ལྟར་ཐད་ཀར་ཀྲུང་གོའི་ལོ་ཚུང་གདོང་ལེན་དུ་ཁག་ལ་འགོ་ཁྲིད་བྱས་ཚོག་གོ།

དུས་རབས་གསར་པའི་གཞོན་ནུ་ལོ་ཆུང་གི་རྒྱལ་གཅེས་རིང་ལུགས་ཀྱི་སློབ་གསོའི་ལག་དེབ།

གཙོ་སྒྲིག་པ། ཀྲང་ལི།

རྩོམ་སྒྲིག་འགན་འཁུར་བ། ཚེ་དཔལ། ཀྲའོ་པའོ་ཞིས།

ཡིག་སྒྱུར། འཕྲིན་ལས་ཡོན་ཏན།

དེབ་གཞིའི་མཛེས་འཆོས་པ། ལྷ་མོ།

དཔེ་སྐྲུན། བོད་ལྗོངས་བོད་ཡིག་དཔེ་སྙིང་དཔེ་སྐྲུན་ཁང་། སྦྲག་ཨང་། 850000

པར་གཞི་ཀྲུ་སྒྲོད་ལ་རྟུང་རྗེག་གཏོང་། 0891-6930339

པར་འདེབས་ཚན་པ། སེན་ཧྲོ་གྲོང་ཁྲིར་ཐེང་ཧྲི་པར་འདེབས་ཚད་ཡོད་ཀུང་སི།

བརྒྱུད་འཚོང་། རྒྱལ་ཡོངས་ཤིན་ཧྭ་དཔེ་ཚོང་ཁང་།

དེབ་ཚད། 710mm×1 000mm 1/16

པར་ཤོག 7.25

པར་གྲངས། 01—3,000

ཡིག་གྲངས། ཁྲི་6.96

པར་གཞི། 2022ལོའི་ཟླ་11པར་པར་གཞི་དང་པོ་བསྒྲིགས།

པར་ཐེངས། 2022ལོའི་ཟླ་11པར་པར་ཐེངས་དང་པོ་བཏབ།

དཔེ་རྟགས། ISBN 978-7-5700-0710-3

རིན་གོང་། སྒོར་29.00